Zu diesem Buch: Der moderne Mensch hat sich in den letzten Jahren sehr verändert; er ist auf dem Weg zur «Ich-AG». Sein oberster Wert ist Effizienz. Er verschwendet keine Zeit, er möchte stark sein, selbständig, flexibel und innovativ, so wie es die Propheten großer Unternehmensberatungen seit Jahren für das Arbeitsleben predigen. Die weltweit operierenden Unternehmensberater sind die Speerspitze eines umfassenden Wirtschaftlichkeitsdenkens, das längst alle unsere Lebensbereiche durchdringt: Politik und Wirtschaft, Religion und Kultur, Medizin und Gentechnik.

Deutschland ist auf dem Weg zur «McKinsey-Gesellschaft». Wie sieht sie aus? Was ist ihr Menschenbild? Wer treibt diese Entwicklung voran, und was treibt sie an? Dirk Kurbjuweit porträtiert mit genauem Blick für Typisches und Details die Macher und ihre Jünger von Jürgen Kluge über Friedrich Merz bis hin zu jenem Pfarrer, der sich der «spirituellen Marktwirtschaft» öffnet.

Der Mensch wird Gegenstand immer neuer Optimierungsphantasien, aber auch zum Manager in jeder Lebenslage. Allmählich entsteht eine Gesellschaft, die den Unterschied ausmerzt, den Zufall, die Muße, die Phantasie. Was aber wird aus jenen, die hier nicht mithalten können? Kurbjuweit beschreibt anschaulich, wie das Prinzip McKinsey uns alle immer mehr verwandelt. Eine geschlossene Gesellschaft von Hochleistungsmenschen scheint am Horizont auf. Und die Frage wird unausweichlich: Wollen wir das wirklich?

Der Autor: Dirk Kurbjuweit, geboren 1962, ist Journalist und Buchautor. Er studierte Volkswirtschaft, war von 1990 bis 1999 Redakteur bei der *ZEIT* in Hamburg und wechselte 1999 zum Nachrichtenmagazin *Der Spiegel,* wo er seit 2003 als stellvertretender Büroleiter in Berlin tätig ist. 1998 und 2002 wurde er mit dem Egon-Erwin-Kisch-Preis für die beste Reportage ausgezeichnet.

Dirk Kurbjuweit ist verheiratet, Vater von zwei Kindern und lebt in Berlin. Bisher erschienen von ihm die Romane *Die Einsamkeit der Krokodile* (Frankfurt a. M. 1995, Kinofilm im Sommer 2001), *Schussangst* (Frankfurt a. M. 1998), die Novelle *Zweier ohne* (Zürich 2001), *Nachbeben* (Zürich 2004).

Dirk Kurbjuweit

Unser effizientes Leben

Die Diktatur der Ökonomie
und ihre Folgen

Rowohlt Taschenbuch Verlag

Veröffentlicht im Rowohlt Taschenbuch Verlag
Reinbek bei Hamburg, Juli 2005
Copyright © 2003 by Rowohlt Verlag GmbH,
Reinbek bei Hamburg
Lektorat Frank Strickstrock
Umschlaggestaltung ZERO Werbeagentur, München
(Illustration: Werner Schlosser)
Druck und Bindung Druckerei C. H. Beck, Nördlingen
Printed in Germany
ISBN 3 499 62019 7

Inhaltsverzeichnis

Vorbemerkung

Dieses Buch sollte eigentlich anders heißen. «Die McKinsey-Gesellschaft» hatten Verlag und Autor als Titel ausgesucht. Denn darum geht es. Eine Gesellschaft, eine Republik, die mehr und mehr geprägt wird vom Effizienzdenken, und besonders fanatische Propheten der Effizienz arbeiten bei der Beratungsfirma McKinsey. Auch wenn nicht jeder von ihnen beraten und direkt geprägt wurde, ihr Denken ist längst in unseren Köpfen. McKinsey ist zum Symbol für die Diktatur der Effizienz geworden. Aber dieses Buch darf nicht «Die McKinsey-Gesellschaft» heißen, weil McKinsey das nicht will. Die Firma hat Titelschutz beansprucht. Deshalb heißt das Buch «Unser effizientes Leben». Aber es geht um die McKinsey-Gesellschaft.

Ich glaube, nur einmal in meinem Leben habe ich einem anderen Menschen richtig Angst gemacht. Das war in jenen fünf Minuten, als man mich für einen Mitarbeiter von McKinsey hielt. Ich war beim Verlag S. Fischer in Frankfurt am Main zu Besuch und wollte mit dem Programmchef über ein Buchprojekt reden. Ich trug einen dunklen Anzug und ein weißes Hemd, vielleicht auch eine Krawatte, ich erinnere mich nicht mehr genau. Als mich der Programmchef nach unserem Gespräch durch die Flure von S. Fischer führte, begegnete uns eine ältere Frau. Sie blieb stehen und sprach mich an. Sie erzählte mir von ihrer Arbeit im Verlag und sagte, dass dies eine wichtige Arbeit sei. Sie sprach von ihren Erfahrungen, ihrem Fleiß und anderen Stärken. Ich wusste nicht, warum sie mir das erzählte. Sie redete und redete. Allmählich war zu spüren, dass sie Angst hatte, dass sie verzweifelt kämpfte. Sie hörte nicht auf zu reden. Es war klar, dass sie ihren Arbeitsplatz verteidigte, aber mir war nicht klar, warum sie das mir gegenüber tat. Schließlich unterbrach sie der Programmchef und sagte, ich sei ein Autor des Hauses. Ich sei nicht von McKinsey. Die Frau sah mich überrascht an, dann lächelte sie verlegen und entschuldigte sich für das Missverständnis.

Zu dieser Zeit waren Mitarbeiter der Unternehmensberatung McKinsey bei S. Fischer und pflügten den Verlag um auf der Suche nach mehr Effizienz. S. Fischer machte Verluste, und mit Hilfe von McKinsey sollten die Kosten gesenkt werden. Allen war klar, dass Leute entlassen würden. Fast jeder hatte Angst um seinen Job. Fast jeder hatte Angst vor den Männern in den dunklen Anzügen.

Ich fuhr sehr nachdenklich nach Hause. Es ist eine seltsame Erfahrung, einen anderen Menschen in eine tiefe Angst zu versetzen. Ich werde nie vergessen, wie mir diese Frau ihre Arbeit anpries. Es war fast ein Flehen, ein Betteln. Ich glaube, dass ich erst damals wirklich verstanden habe, was die Arbeit von McKinsey in einem Menschen anrichten kann.

Dabei hatte ich mich schon vorher intensiv mit McKinsey befasst. Mitte der neunziger Jahre fielen mir in den Zeitungen immer häufiger Meldungen auf, dass Unternehmensberater nicht nur Unternehmen beraten, sondern auch ein Theater, ein Opernhaus, einen Fußballverein, die evangelische Kirche, die katholische Kirche, Krankenhäuser. Damals war ich Redakteur bei der Wochenzeitung *Die Zeit* und begann, in der Szene der Unternehmensberater zu recherchieren. Mich interessierte die Frage, was es heißt, wenn immer mehr Bereiche der Gesellschaft nach ökonomischen Gesichtspunkten gestaltet werden. Mein Eindruck war, dass es besonders die Unternehmensberater sind, die still und effizient unsere Welt umbauen, indem sie ihre Ideen und Konzepte in mehr und mehr Köpfe pflanzen. Ich sprach mit verschiedenen Leuten der Branche und mit Leuten, die von ihnen beraten worden waren. Der Eindruck bestätigte sich.

Ich sprach auch mit Leuten von McKinsey. Ich kann nicht verhehlen, dass ich rasch fasziniert war. Es ist ein eigener Menschenschlag, auf den man dort trifft. Ich musste gleich an Ledernacken denken, an amerikanische Elitesoldaten also, darauf gedrillt, ihr Ziel mit letzter Konsequenz zu verfolgen, bestens ausgebildet und durch einen fast religiösen Korpsgeist verbunden. McKinsey ist ähnlich. Ich änderte den Ansatz meiner Geschichte, vergaß die Recherchen bei anderen Unternehmensberatern und konzentrierte mich auf McKinsey. Niemand sonst verficht die Idee von der Effizienz und von der Ökonomisierung der Gesellschaft derart konsequent. Nach einem Dutzend Interviews schrieb ich ein Dossier in der *Zeit* mit dem Titel: «Die Propheten der Effizienz».

Als Reporter, mittlerweile für das Nachrichtenmagazin *Der Spiegel*, ändern sich die Themen, die ich behandele, in rascher Folge. Mal begleite ich zwei Wochen lang einen Politiker, dann berichte ich von einer Fußball-Weltmeisterschaft, dem folgt eine große Reportage über ein Unternehmen, einen Wissenschaftler, einen neuen Trend in der Kulturszene. Ein Thema allerdings hat mich nie verlassen, beschäftigt mich seit Jahren nun: McKinsey. Auch wenn ich nach jenem Dossier nie mehr einen größeren Artikel über Unternehmensberater geschrieben habe, so begegnet mir das Thema doch bei fast jeder anderen Recherche. McKinsey ist für mich zur Metapher geworden für die Diktatur der Effizienz, für die totale Ökonomisierung der Gesellschaft. Das Denken, das ich zuerst bei den Unternehmensberatern kennen gelernt habe, begegnet mir mittlerweile bei fast jedem Gespräch, ein Denken in Zahlen, das Denken eines Managers.

Der Manager ist unangefochten das Rollenmodell Nummer eins unserer Zeit. Fast jeder will und soll wie ein Manager handeln, Politiker, Wissenschaftler, Ärzte, Pfarrer. Sie haben immer auch eine andere Rolle, aber die des Managers ist allen gleich. Für mich ist das der große Triumph von McKinsey. Niemand sonst hat unser Denken in den letzten Jahren so verändert wie die Unternehmensberater. Auch wer nicht von McKinsey beraten wurde, denkt und handelt, als sei er von McKinsey beraten worden. Börsenboom, New Economy und die biotechnische Revolution haben diese Ökonomisierung der Gesellschaft weiter verstärkt.

Ich bin nicht gegen die Marktwirtschaft, im Gegenteil. Als ich in den achtziger Jahren in Köln Volkswirtschaft studiert habe, wurde mir auch auf theoretischer Ebene bald klar, dass eine Gesellschaft, die Wettbewerb und das Streben nach Vorteilen, also nach Ungleichheit, ausschließen will, nicht funktionieren kann. Von sozialistischen Ideen auch als Jugendlicher nur schwach angehaucht, habe ich meinen Frieden mit den herrschenden Verhältnissen weitgehend schmerzlos gemacht.

Die Perspektive dieses Buches ist nicht die grundsätzlicher Opposition. Ich halte die soziale Marktwirtschaft nach wie vor für das richtige System, funktionstüchtige Alternativen sehe ich nicht. Insofern habe ich natürlich auch nichts gegen McKinsey. Dass die Ökonomie nach ökonomischen Prinzipien funktionieren soll, halte ich für selbstverständlich. Effizienz ist dabei wesentlich, und die Leute von

McKinsey sind Spezialisten für Effizienz. Ihr Rat kann hilfreich sein. Dazu gehört dann leider auch, dass in manchen Situationen Leute entlassen werden, obwohl das für jeden Einzelnen eine Katastrophe sein kann. Ich war sehr froh, später zu hören, dass jene ältere Angestellte von S. Fischer, deren Angst ich so unmittelbar erlebt hatte, nicht entlassen wurde. Allerdings haben Kollegen von ihr, die nicht weniger Angst hatten, ihren Job verloren. Es ist schmerzlich, das zu sagen, aber solche Entlassungen können notwendig sein, auch wenn die Entlassenen mitunter die Opfer von Fehlern sind, die andere gemacht haben. Eine Position der Unschuld gibt es in der Marktwirtschaft nicht. Aber gibt es sie in anderen Systemen?

In diesem Buch geht es um Kritik an etwas anderem: der totalen Ökonomisierung, der Ökonomisierung aller Lebensbereiche, der Expansion des Kapitalismus in der sozialen Marktwirtschaft. Wobei Marktwirtschaft meint: Privateigentum, freier Handel, Gewinnstreben als Möglichkeit, als Teil einer gesellschaftlichen Ordnung, in der auch andere Prinzipien gelten können, zum Beispiel sozialer Ausgleich, in der es Lebensbereiche gibt, die frei sind von den Gesetzen der Ökonomie. Kapitalismus hingegen ist die zwanghafte Ökonomisierung aller Lebensbereiche, die totale Dominanz des Gewinnstrebens, die Verwandlung der gesamten Gesellschaft in ein Unternehmen.

Ich denke, dass der Kapitalismus in eine neue, eine dritte Phase getreten ist. Zunächst gab es den Kapitalismus des 19. Jahrhunderts, in dem die Gesetze der Ökonomie schrankenlos im Bereich der Wirtschaft herrschten. Er war expansiv, indem er immer mehr Betriebe und Arbeitsverhältnisse seinen oft unmenschlichen Bedingungen unterwarf. Ihm folgte der Kapitalismus des 20. Jahrhunderts, der herausgefordert war durch den real existierenden Sozialismus und sich intern Schranken auferlegte, um im Systemwettbewerb nicht als gänzlich unsozial zu erscheinen. Dieser Kapitalismus war expansiv, indem er sich anderen Volkswirtschaften als das bessere System empfahl und aufdrängte. Der Kapitalismus des 21. Jahrhunderts ist ohne Konkurrenz, nachdem der Kampf der Systeme gewonnen wurde. Er ist expansiv, indem er alle Lebensbereiche seinen Bedingungen unterwerfen will.

Die Gesetze der Marktwirtschaft grundsätzlich für sinnvoll zu halten heißt ja nicht, dass alles nach den Prinzipien des Kapitalismus funktionieren soll, also vorrangig nach dem Diktat von Effizienz, weil Effizienz die monetär größten Gewinne verspricht. Muss ein Krankenhaus geführt werden wie eine Stahlschmiede? Soll ein Theater die gleiche Struktur haben wie ein Kaufhaus? Ist eine politische Wahlkampagne mehr oder weniger das Gleiche wie ein Werbefeldzug für ein Deodorant? Muss in meinem Alltag jede Minute so verplant und ausgefüllt sein wie im Alltag eines Managers? Muss ich mich durchökonomisieren wie ein Unternehmen, muss ich zur Ich-AG werden, um den Anforderungen unserer Zeit zu genügen?

In seiner dritten Phase ist der Kapitalismus ähnlich gefräßig wie in seiner ersten. Im 19. Jahrhundert mussten die Industriearbeiter mehr oder weniger den ganzen Tag lang arbeiten. Zeit blieb praktisch nur für Erholungsschlaf. Diese Menschen waren daher reine Wirtschaftssubjekte. In seiner zweiten Phase, der milden, ging diese Belastung stark zurück. Derzeit steigt sie wieder leicht an, aber das ist nicht der entscheidende Punkt. Wir sind erneut reine Wirtschaftssubjekte, weil wir von morgens bis abends in allen Lebensbereichen den Gesetzen der Wirtschaft ausgesetzt sind.

Ich glaube, das Wort, das ich bei meinen Recherchen am häufigsten höre, egal zu welchem Thema, heißt Effizienz. Es ist das ganz große Wort unserer Zeit. Es wird nie angefochten, nie infrage gestellt. Ist es ausgesprochen, liegt es wie ein Fels im Raum, tonnenschwer und unverrückbar. Niemand würde im Ernst für Ineffizienz streiten. Effizienz ist gut. Seine Ziele mit dem geringstmöglichen Einsatz zu erreichen kann nur sinnvoll sein. Und doch glaube ich, dass eine Welt, die unter der großen, alles beherrschenden Überschrift Effizienz steht, keine besonders gute, besonders lebenswerte Welt ist. Das ist das Paradox, das hinter diesem Wort steht: In fast jedem Einzelfall ist es wahrscheinlich richtig, wenn effizient gehandelt wird. Wenn aber überall und von jedem effizient gehandelt wird, kommt insgesamt etwas Falsches dabei raus. Das soll dieses Buch zeigen.

Im Herbst 2001 war ich in Peshawar, einer pakistanischen Stadt nahe der Grenze zu Afghanistan. Die Vereinigten Staaten hatten gerade den Krieg gegen die Taliban und die Al Qaida begonnen, Folge der Anschläge vom 11. September. Mein Thema waren Kriegsflüchtlinge und wie man ihnen helfen kann. Bei einem längeren Gespräch mit dem Chef von *Terre des Hommes* in Peshawar fiel das Wort Effizienz häufig. Der Mann, ein Deutscher, stand unter starkem Druck, die Spendengelder effizient einzusetzen, was sicher nicht verkehrt ist. Allerdings konnte man den Eindruck haben, er sei vor allem mit Fragen der Effizienz befasst. Sein Gewerbe, die Hilfe für die Schwachen, war schon so weit ökonomisiert, dass der Mann in vielem dachte wie ein Manager.

Aber das war nicht der stärkste Eindruck dieses Tages. Am Morgen wollte ich New Shamshatoo besuchen, ein Lager für Flüchtlinge aus Afghanistan. Dazu brauchte ich eine Erlaubnis vom Gouverneur der Region. Wir fuhren zu seinem Sitz am Rand von Peshawar und wurden in ein Büro geschickt, wo wir ein Formular ausfüllen sollten. Es gab keinen Computer in diesem Büro. Ich war seit ewigen Zeiten nicht mehr in einem Büro ohne Computer gewesen. Ich füllte ein Formular aus, das sofort weggetragen wurde. Es gab in diesem Büro zwei Schreibtische aus dunklem Holz, sehr alte Schreibtische. Darauf stapelte sich Papier, das zum Teil stark vergilbt war. Auf den Stapeln lag jeweils ein Stein, damit nichts wegfliegen konnte. Ein Ventilator, der sich träge und unrund an der Decke drehte, sorgte für einen leisen Lufthauch. Es war sehr heiß. Außer den Papierbergen gab es noch Kladden, die mit Kordeln zusammengebunden waren, Stifte in Haltern, Feuchtigkeitskissen für den Daumen, ein Fläschchen mit Klebstoff. An jedem Schreibtisch saß ein Mann, der nichts tat, außer dort zu sitzen. Mit einer trägen Geste wurde mir ein Stuhl zugewiesen, der Rahmen war aus Holz, die Sitzfläche aus Bastgeflecht, aber das existierte nur noch an den Rändern. So saß ich etwas unbequem. Niemand sprach. Außer den beiden Männern hinter den Schreibtischen gab es noch drei Männer, die sich gegen die Wand lehnten. Alle fünf sahen aus, als hätten sie sich seit Jahren nicht mehr bewegt. Die Papiere und alle Gegenstände wirkten, als seien sie seit Jahren nicht mehr bewegt worden. Einmal kam ein Mann, der einen neuen Stapel Kladden brachte. Er legte sie auf einen der vorhandenen Stapel und ging wieder. Niemand nahm Notiz von ihm. Dann kam ein Mann, der Tee brachte und Tassen. Alle nahmen Tee und tranken schweigend. Ich dachte, dass ich meine Erlaubnis nicht in fünf Tagen bekommen würde.

Ich bekam meine Erlaubnis nach einer halben Stunde. Auf deutschen Ämtern habe ich schon zwei oder drei Stunden zugebracht. Ich will damit nicht sagen, dass ich jenes Büro in Peshawar für ein Ideal halte. Ich bin kein Romantiker, der sich alte oder orientalische Verhältnisse für unsere Lebenswelt wünscht. Ich erzähle das nur, weil ich nicht mehr oft eine Gegenwelt zu unserer Effizienzwelt erlebe. Dieses Büro war eine solche Gegenwelt, eine Welt mit riesigen Schwächen und doch eine Welt, die eine Sehnsucht auslösen kann. Zum Beispiel nach einem sich behäbig wälzenden Zeitfluss, nach gedehnten Minuten und Stunden, nach träger Nachdenklichkeit: Dinge, die uns verloren gehen.

Ich musste in diesem Büro an McKinsey denken, an ein Gutachten, das sicherlich die Entlassung aller fünf Männer, die sich dort aufhielten, empfehlen würde. Ich musste auch an Jürgen Kluge denken, der heute Chef von McKinsey Deutschland ist. Als ich bei den Recherchen für das Dossier mit ihm geredet habe, kam er unvermutet auf die Amischen zu sprechen, jene seltsamen Menschen, die auf ihren Ländereien in Pennsylvania den Effizienzbegriff des

18. Jahrhunderts eingefroren haben. Sie arbeiten nicht mit Traktoren, sondern mit Pferden. Manchmal, sagte Kluge am Ende eines langen Gesprächs über Effizienz, Effektivität, Flexibilität und Leistung, habe er Sehnsucht nach diesen Zeiten und Verhältnissen. Es war ziemlich überraschend, das von ihm zu hören, weil er so durch und durch die Prinzipien von McKinsey verkörpert, weshalb er dann ja auch zum Chef aufstieg. Wenn einer wie er schon diese Sehnsucht hat, nährt das den Verdacht, dass wir uns, vielleicht in bester Absicht, eine Welt einrichten, in der wir nicht gerne leben.

Kluges Sehnsucht nach der langsamen Welt der Amischen bleibt natürlich folgenlos. Er arbeitet am Gegenteil. Niemand presst den Effizienzbegriff so konsequent in unsere Gesellschaft wie McKinsey. Niemand kämpft so entschlossen für Beschleunigung, Verschlankung, Ökonomisierung. McKinsey ist für mich mehr als eine Firma, die Unternehmen und andere Einrichtungen berät. McKinsey ist die Metapher für die dritte Phase des Kapitalismus, eine bedrohliche Phase, weil wir uns ihren Gesetzen in aller Freiwilligkeit und geradezu freudig unterwerfen. Kaum jemand würde die totale Ökonomisierung aller Lebensbereiche gutheißen. Aber fast jeder macht mit bei der Ökonomisierung, weil er denkt, es blieben noch Freiräume, Lebenswelten, die unberührt bleiben vom Effizienzdenken. Das ist das Trügerische. Sie schwinden von Tag zu Tag. Es gibt sie bald nicht mehr.

McKinsey & Company:
Die Propheten der Effizienz

Als ich Wilhelm Rall kennen lernte, bei den Recherchen für das *Zeit*-Dossier, war er 49 Jahre alt. Ich traf ihn in Stuttgart, er war Director bei McKinsey. Er ist ein Mann von beeindruckender Präsenz, braun gebrannt, muskulös. Früher war er Fallschirmjäger bei der Bundeswehr. Er ist verheiratet und hat zwei Kinder. In seiner Freizeit klettert er ungesichert in Steilwänden oder fliegt mit Gleitschirmen. Allerdings hat er nicht viel Freizeit. Sechzig Stunden in der Woche gehören McKinsey. Rall hat eine ruhige, aber sehr nachdrückliche Art zu reden. Er war der Interviewte, ich der Interviewer, aber irgendwann stellte er die Fragen. Präzise, forschende Fragen, die einem rasch das Gefühl geben können, das falsche Leben zu leben, den falschen Beruf zu haben, mehr Sport treiben und mehr riskieren zu müssen, ein bisschen so zu werden wie Wilhelm Rall, der das Leben als sportliche Herausforderung nimmt. «Das Gefühl, eigene Grenzen zu verschieben, ist durchaus faszinierend», sagte Rall. Er lächelte sportiv. Er lächelte oft, ein wissendes, herausforderndes Lächeln.

Als ich George Kerschbaumer kennen lernte, war er 27 Jahre alt. Er war Berater bei McKinsey und pendelte gerade zwischen Stuttgart und München. Kerschbaumer ist nicht so muskulös wie Rall, eher drahtig. Sein Sport ist Tennis.

Er sagte nicht direkt, dass er ein exzellenter Spieler sei, aber er gab mit großer Behaglichkeit Hinweise, die unbedingt diesen Eindruck vermittelten. Er hatte in London studiert und in Bologna, seine Promotion hatte er in Wien gemacht. Er hatte eine lässige Art, das zu erzählen, als sei ein solcher Lebenslauf eine Selbstverständlichkeit. In den Semesterferien hat er als freier Mitarbeiter von McKinsey Unternehmen saniert. Bei unserem Gespräch trug er einen dunklen Anzug, eine Krawatte und eine Brille. Auf meine Frage, ob er ehrgeizig sei, sagte er, das Wort klinge ihm zu negativ. Er suchte nach einem anderen Wort, und nach ein paar Sekunden fiel ihm «zielstrebig» ein. Ja, sagte er, so könne man es sagen: Er sei zielstrebig. Mit dem Wort «Elite» hatte er keine Probleme. Er nickte: Klar, wer bei McKinsey lande, gehöre zu einer Elite.

Sein normaler Arbeitstag beginnt um 8.30 Uhr, endet um 21 Uhr. Es wird von ihm erwartet, jederzeit an jedem Ort in Deutschland arbeiten zu können. Er lebt viel in Hotels, ist manchmal über Wochen von zu Hause fort. Morgens geht er in die Firma, die er berät, abends geht er ins Hotel und redet noch ein wenig mit den anderen Beratern von McKinsey, die in seinem Team sind, dann geht er schlafen. Er trinkt wenig Alkohol, isst gesund. Schon als junger Mann verdiente er sehr gut, weit über 100 000 Mark.

Wie gesagt, damals war er 27, wirkte aber viel älter auf mich, abgeklärt, eine große Sicherheit ausstrahlend, dass er auf dem richtigen Weg sei. Genauso vermittelte er das Gefühl, dass er bereits Macht kennen gelernt hatte, Macht über andere, und er schien keine Zweifel zu haben, diese Macht zu Recht zu besitzen. Gleichzeitig wirkte er jünger als 27, weil seine Erfahrungen vor allem aus der Arbeits-welt kamen, weniger aus der Lebenswelt. Sein Leben bis dahin war ein Leben in Studierzimmern und Betrieben ge-wesen.

Im Sommer 2002 waren Rall und Kerschbaumer immer noch bei McKinsey & Company. Sie sind Mitinhaber der Firma und gehören zum engsten Führungskreis.

Leute wie Rall oder Kerschbaumer sucht McKinsey unter den Besten an den Universitäten. Man sucht nicht nur Ökonomen, sondern auch Physiker, Biologen, Soziologen, Mediziner. Sie werden zu Seminaren eingeladen, in schöne Städte oder auf ein luxuriöses Schiff; dort ist man sehr nett zu ihnen und fühlt ihnen gleichzeitig auf den Zahn. Es wird ein bestimmter Menschentypus gesucht. Er soll selbständig sein und stark. Er nimmt sein Schicksal in die eigenen Hän-de und deshalb will er, dass ihn der Staat weitgehend in Ruhe lässt. Er ist mobil, flexibel, wissbegierig. Er ist effizi-ent, das heißt, seine Ziele versucht er mit minimalem Auf-wand zu erreichen. So hat er ständig ein Augenmerk auf die Kosten. Risiken scheut er nicht, und er ist allezeit auf der Suche nach Innovationen. Wettbewerb, zumal weltwei-ter, ist für diesen Menschen eine Herausforderung, die ihn noch stärker macht. Wer so ist oder das Potenzial hat, so zu werden, bekommt eine Chance bei McKinsey. Unter-schreibt man den Vertrag, wird weiter gefeilt an der Per-sönlichkeit, bis endgültig der McKinsey-Mensch heraus-kommt. Rall und Kerschbaumer sind Prototypen davon.

Es gibt kein Ausruhen für sie. Stillstand ist das Schlimmste bei McKinsey. Alle müssen immerzu in Bewegung sein, neue Ideen, neue Ideen, neue Ideen. Alle vier bis sechs Monate werden die Leistungen der Mitarbeiter in einem Zeugnis bewertet. Es herrscht Karrierezwang. Wer die nächste Stufe nicht schafft, fliegt. *Up or out*, aufwärts oder raus. Härter wird nirgendwo gesiebt. Wer durchkommt, hat ein Selbstbewusstsein, das fast jeder Herausforderung standhält.

Gegründet wurde McKinsey, genannt die «Firma», 1926 in Chicago von James Oscar McKinsey, einem Experten für das Rechnungswesen. Er beriet die Führungsspitzen großer Unternehmen in Wettbewerbsfragen so erfolgreich, dass seine Firma ständig wuchs, auch über seinen frühen Tod hinaus. Heute hat McKinsey in über 40 Ländern 87 Büros und beschäftigt mehr als 7500 Berater. Das erste deutsche Büro wurde 1964 in Düsseldorf gegründet. Heute arbeiten über tausend Berater von McKinsey in Deutschland. Die Zahl wuchs zuletzt jährlich um 10 bis 15 Prozent.

McKinsey-Menschen kommen nie allein. Sie kommen in Teams, zwei, drei Leute mindestens, je nach Größe des Auftrags. Irgendwann sind sie da, erscheinen morgens in ihren dunklen Anzügen oder dunklen Kostümen in dem Betrieb, den sie beraten sollen. Wenn es länger dauert, beziehen sie eigene Büros. Zunächst sagen sie nicht viel. Aber sie sind überall dabei, sie werden zu Schatten der Mitarbeiter. Wenn der Dienst beginnt, sind sie schon im Haus. Wenn Dienstschluss ist, bleiben sie noch eine Weile. Während der Dienststunden beobachten sie, wie die Leute ihre Arbeit machen. Sie gucken oft auf die Uhr, gute, teure Uhren, immer die exakte Zeit. Sie wollen wissen, wie lange ein Arbeitsvorgang dauert. Sie haben Clipboards dabei, machen

Notizen. Dann stellen sie Fragen. Was machen Sie da? Warum machen Sie es? Warum machen Sie es so? Die McKinsey-Menschen wollen alles ganz genau wissen. Sie machen weitere Notizen. Man hört sie jetzt viel untereinander reden. Man versteht sie kaum. Sie haben eine eigene Sprache, Deutsch gemischt mit viel Englisch, dazu Wortunholde eines Ökonomensprech: Reengeneering. Top down bottom up. Ressourcen-Leverage. Produktportfolio. Outsourcing. Time-Compression-Management. Man kommt sich dumm vor in ihrer Gegenwart, weil man ihre Sprache nicht versteht. Aber sie sind freundlich, immerzu freundlich, gleichzeitig so selbstbewusst, dass es arrogant wirkt. Man hat bald das Gefühl, nicht flexibel, nicht mobil, nicht effizient, nicht leistungsfähig, nicht dynamisch zu sein. Denn sie sind das alles, sie strahlen eine Kraft aus, die einen bange werden lässt.

Ihre Fragen ändern sich allmählich. Warum machen Sie das so und nicht anders? Könnte man das nicht auch ganz anders machen? Sie geben einem das Gefühl, dass sie alles wissen, dass sie zu allem eine bessere Idee haben. Abends sieht man sie in ihren Büros vor Laptops sitzen.

Die McKinsey-Menschen sind Sucher. Sie suchen die Nischen, in denen sich jene verstecken, die wenig leisten können oder wollen. Sie suchen nach Umständlichkeiten und Zufällen im täglichen Betriebsablauf. Sie hassen Umständlichkeit, weil der direkte Weg der schnellste ist. Sie hassen Zufälle, weil etwas Nützliches oder etwas Unnützes dabei herauskommen kann. Sie wollen immer das Nützliche. Ihr Ideal ist Kontrolle, Steuerung, damit das Ergebnis jedes Handgriffs, jeder Besprechung immer gut ist für das

Betriebsergebnis. Sie sind Nischenkehrer, Umständlichkeitsglätter, Zufallsvernichter.

Die Angst im Betrieb nimmt zu. Jeder weiß, dass es um Arbeitsplätze geht. Aber es ist nicht möglich, mit den McKinsey-Menschen darüber zu reden. Sie zucken die Achseln, sie lächeln. «Ihr Arbeitgeber wird Ihnen ...», sagen sie, wenn man sie anspricht. Sie sind sehr freundlich. Sie halten sich raus. Irgendwann sind sie verschwunden, ihre Büros sind leer, die Laptops weg.

Die Angst wird unerträglich. Jeder weiß, dass sie jetzt zusammensitzen und ein Konzept schreiben für die Sanierung des Betriebs. Sie suchen nach einer Zahl, einer Zahl mit einem Minus, fast immer ein Minus, fast nie ein Plus. Minus xy Arbeitsplätze. Eines Tages kommen sie wieder, Aktenkoffer dabei. Sie gehen sofort hinauf in die Chefetage. Ein Overhead-Projektor ist schon vorbereitet. Fläschchen mit Wasser und Saft stehen auf dem Tisch, Thermoskannen für Kaffee, Kekse, Aschenbecher. Die Leute von McKinsey öffnen ihre Aktenkoffer, blaue Mappen, immer sind es blaue Mappen, darin Papiere, Folien. Der Projektor surrt. Die Tür wird geschlossen.

Als George Kerschbaumer 24 Jahre alt war, bekam er seinen ersten Auftrag von McKinsey. Ein ländliches Maschinenbauunternehmen steckte in Schwierigkeiten. Die Leute, denen Kerschbaumer erklären sollte, wo es langgeht, waren doppelt so alt wie er. Von denen, sagte er, sei er ganz schön «gechallenged» worden. Nach der Analyse empfahlen Kerschbaumer und zwei andere McKinsey-Menschen, 20 bis 30 Prozent der Arbeitsplätze abzubauen. Sie meinten niemanden persönlich. Kerschbaumer gönnt jedem seinen Job. In den blauen Kladden stehen keine Namen, nur Graphiken, Pfeile, Zahlen. Wenn die Betroffenen erfahren, dass sie ihren Job verlieren, sind die McKinsey-Menschen längst in einem anderen Betrieb.

Herbert Henzler, lange Chef von McKinsey Deutschland, sagte mir, er sei «nicht unfroh» über diese Distanz. «Ich möchte das nicht entscheiden: Müller geht, Meier bleibt.» Der Chef des beratenen Betriebs, der die Namen nennen muss, beruft sich wiederum auf McKinsey. Es täte ihm Leid, dass Müller gehen müsse, aber McKinsey habe gesagt, die Firma könne sonst nicht überleben. Dabei hat er in vielen Fällen McKinsey nur geholt, damit er diese Entschuldigung vorbringen kann. Die Entlassungen waren längst geplant. Als der Vorstandsvorsitzende eines der größten deutschen Industrieunternehmen in die Redaktionskonferenz der *Zeit* eingeladen war, erzählte er, dass Unternehmensberater ihm nicht erklären müssten, wie er seine Firma sanieren solle. Das wisse er selbst. Doch mit dem externen Gutachten habe er einen Blitzableiter für den Zorn der Belegschaft. Schuldig sind dann die Herren von McKinsey. So feige geht es mitunter in Vorstandsetagen zu.

Das Image des McKinsey-Menschen ist das des Jobkillers. Als McKinsey die Post AG untersucht hatte, empfahlen die Berater am Ende, dass 70 000 Arbeitsplätze abgebaut werden sollen, theoretisch alle Jobs einer kleineren Großstadt. Das war die wohl größte Zahl, die in einem Gutachten stand. Meist geht es um Hunderte, manchmal um Tausende Jobs. Zum Wort «Jobkiller» sagt Kerschbaumer: Hätte das Landmaschinenunternehmen, das er beraten hat, nicht Arbeitsplätze abgebaut, wäre es wenig später kaputtgegangen. Insofern habe er Jobs gerettet, nicht vernichtet. Dem ist schwer zu widersprechen.

Andererseits hat McKinsey in vielen Fällen überzogen, vor allem in den achtziger Jahren, als es den Trend gab, alles schlanker zu machen, erst die Produktion, dann das Management. Lean Production und Lean Management waren die Schlagwörter jener Zeit. Niemand verfolgte dieses Konzept so radikal wie McKinsey. Ausdruck fand das in der so genannten Gemeinkostenwertanalyse, einem Wort- und Verschlankungsungeheuer. Bis zu 40 Prozent der Gemeinkosten sollten mit dieser Methode eingespart werden können. Die Gemeinkostenwertanalyse war eine Jobrasiermaschine. Als ich Henzler darauf ansprach, winkte er ab. Das sei ein alter Hut, werde kaum noch gemacht. «Viele Unternehmen sind jetzt schlank genug», sagte er.

Manche wurden wohl zu schlank. Nicht nur Fett wurde weggeschnitten, auch Muskelfleisch, zumal in Forschungs- und Entwicklungsabteilungen. Henzler wollte das so nicht einräumen, sagte aber lächelnd, auch Unternehmensberater könnten irren. Heute sagt Jürgen Kluge, Henzlers Nachfolger: «Wir sind nicht mehr die Kostenkiller, die wir mal waren.» Das Image allerdings hat McKinsey behalten, wie eine Umfrage des *manager magazins* aus dem Jahr 2001 ergab. Die meisten Unternehmen, die von McKinsey beraten wurden, hatten den Eindruck, die Berater seien vor allem auf strenge Rationalisierung aus.

Das ist schlimm für die Mitarbeiter der betroffenen Unternehmen. Für die Gesellschaft insgesamt ist der teilweise Wandel von McKinsey womöglich schlimmer. Denn das zweite Standbein der Firma ist mittlerweile die Umerziehung. McKinsey befasst sich mehr und mehr damit, den Effizienzgedanken in den Alltag zu verpflanzen.

Bislang sollten vor allem die Manager von den McKinsey-Beratern lernen, wie man mobil ist, flexibel, effizient und innovationsfreudig. Wilhelm Rall erzählte mir vom so genannten Shake-up, einem Verfahren, bei dem die Psyche der Manager durcheinander gewirbelt wird, bis alle alten Wahrheiten infrage stehen. Rall flog zu diesem Zweck mit seinen Kunden gerne ins «Therapiefeld Japan». Gut gelaunt und selbstbewusst stiegen die Manager ins Flugzeug und guckten sich in Japan Fabriken aus der eigenen Branche an. Es waren Fabriken, in denen so ziemlich alles besser gemacht wurde als in der eigenen, und zwar viel besser. Rall erlebte Manager, die sehr still wurden, die fassungslos durch die Fabriken gingen und sich selbst allmählich für große Deppen hielten. Abends im Hotel gab es mitunter Tränen. «Die Leute», sagte Rall, «erleben dabei eine Entwurzelung, die als existenziell empfunden wird.» Genau das war das Ziel: die Manager entwurzeln, klein machen, das Selbstbewusstsein brechen. «Zuerst glauben sie, total verzweifeln zu müssen. Doch wenn diese Erfahrung durchanalysiert wird, kommt man meist zu dem Ergebnis: Das kann ich auch. Und dann wird der Wandel denkbar.» Auf dem Rückflug hatten die Manager wieder gute Laune. Zu Hause angekommen, stürzten sie ihre Mitarbeiter in einen Wirbel der Veränderung.

Ob McKinsey mit seinen Methoden Erfolg hat, ist schwer zu messen. Als das Telefonwerk von Siemens in Bocholt anfing, Verluste zu machen, kam McKinsey mit seiner Japantherapie. Anschließend wurden statt 37 500 Teilen 5000 verbaut. Jeder Schritt, jeder Handgriff musste sich eine Überprüfung gefallen lassen. Nur das unbedingt Notwendige überlebte. So sanken die Kosten um 86 Millionen Mark. Wo zuvor 3000 Mitarbeiter 3,5 Millionen Telefone montierten, schafften nach der Umwälzung 1900 Mitarbeiter 8,5 Millionen Telefone. Das Werk warf wieder Gewinne ab. Für Henzler war das ein Erfolg von McKinsey. Bei Siemens in Bocholt war man anderer Meinung. McKinsey habe allenfalls einen Anstoß gegeben, der Lorbeer gebühre jedoch den eigenen Leuten.

Der Baukonzern Philipp Holzmann ist pleite, obwohl er über Jahre von McKinsey beraten wurde. Die Fluglinie Swissair ist pleite, obwohl sie über Jahre von McKinsey beraten wurde und dafür nach einer Schätzung des *manager magazins* rund 100 Millionen Mark ausgegeben hat. Dieselbe Zeitschrift machte 2001 eine Umfrage unter großen Unternehmen, die sich Berater ins Haus geholt hatten. McKinsey bekam eine Durchschnittsnote von 2,8, war damit schlechter als die beiden anderen Branchenriesen Roland Berger (2,6) und Boston Consulting (2,5). Vor allem das Preis-Leistungs-Verhältnis stimmt offenbar nicht. Hier bekam McKinsey die Note 3,2. Die Berater gelten als sehr teuer, liefern aber offensichtlich nur mittelmäßige Arbeit ab.

Trotz der wenig berauschenden Ergebnisse ist der Einfluss von McKinsey enorm. In Deutschland haben sich alle dreißig Unternehmen, die im Deutschen Aktienindex (Dax) aufgeführt werden, von McKinsey beraten lassen. In den Dax kommen nur die allerersten Adressen des Landes. Von den 400 größten Unternehmen der Welt haben 300 mit McKinsey zusammengearbeitet, sind also beeinflusst von den Ideen der Propheten der Effizienz.

Wer bei McKinsey Karriere macht, hat auch anderswo gute Chancen. Die Wirtschaft ist durchsetzt von ehemaligen McKinsey-Mitarbeitern. Der Chef der Deutschen Post, Klaus Zumwinkel, gehört zu diesem Kreis, ebenso der Chef von BMW, Helmut Panke.

Der Einfluss von McKinsey geht jedoch mehr und mehr über den Bereich der Wirtschaft hinaus. Die Bücher, die Herbert Henzler zusammen mit Lothar Späth schrieb, wurden Bestseller. Darin verbreiten der ehemalige Chef von McKinsey und der ehemalige Ministerpäsident von Baden-Württemberg genau die Ideen, die McKinsey auch in die Unternehmen transportiert: Es sind Plädoyers für eine athletische Gesellschaft, Mobilität, Flexibilität, Innovationsfreude, Effizienz.

Henzlers Nachfolger Jürgen Kluge habe ich zweimal getroffen. Zum ersten Mal bei den Recherchen für das Dossier, zum zweiten Mal im Sommer 2002. Kluge ist ein sehr freundlicher Mann, der gerne lächelt. Er hat das Gesicht eines Jungen, milde, weiche Züge, aber eine so glanzvolle Karriere bei McKinsey macht man nicht ohne eine gewisse Härte. Kluge liest gern Bücher, sein liebstes Thema ist Bildung. Nach einem einstündigen Gespräch über Bildung sagte Kluge, nun wolle er mich etwas fragen. Was ich glaube, was sich in den sieben Jahren, die zwischen unseren beiden Gesprächen lagen, bei McKinsey verändert habe.

Ich sagte, dass McKinsey mehr als früher Einfluss auf die Gesellschaft insgesamt nehmen wolle. Es gibt viele Beispiele dafür: das starke Engagement im Bereich Bildung, die Gründung einer eigenen Zeitschrift, die an den Kiosken vertrieben wird, die Konzentration auf so genannte Cluster. Das heißt, es werden am liebsten nicht einzelne Unternehmen saniert, sondern ganze Regionen oder Städte, Wolfsburg und Dortmund zum Beispiel. Damit dehnt McKinsey seinen Einfluss weiter auf Politiker und Stadtverwaltungen aus.

Kluge sagte dazu nur, dass ich wahrscheinlich Recht habe.

Wie tief die Ideen, für die McKinsey steht, inzwischen in alle Bereiche der Gesellschaft vorgedrungen sind, sollen die folgenden Kapitel zeigen.

Man kann jedenfalls – so viel vorweg – den Eindruck haben, als würden wir alle schon von McKinsey-Schatten begleitet, so wie die Mitarbeiter der Betriebe, die von «der Firma» beraten werden. Jene Schatten, die uns ständig zur Effizienz gemahnen, zum total ökonomischen Verhalten in jeder Minute. Es sind die Schatten, die ein Wilhelm Rall oder ein George Kerschbaumer auf uns werfen, breitschultrig, immer zum Sprung bereit. Nicht jedes Phänomen, das ich im Folgenden beschreibe, hat direkt mit der Firma McKinsey zu tun. Wie gesagt, es geht um eine Metapher, ein Symbol. McKinsey steht für totale Ökonomisierung.

McKinsey-Politik:
Die Diktatur der Zahlen

Anfang 2002 war ich eines Abends mit dem bayerischen Landespolitiker Peter Paul Gantzer unterwegs. Er ist Sozialdemokrat, Spezialist für innere Sicherheit und ein Freund von Innenminister Otto Schily. Es war Kommunalwahlkampf, und Gantzer hielt eine kleine Rede in einem Gasthof in Heimstetten bei München. Ein Dutzend Leute waren gekommen, meist Sozialdemokraten. Gantzer trat für eine strenge Sicherheitspolitik im Sinne Otto Schilys ein, plädierte für die neuen Sicherheitsgesetze, für Raster- und Schleierfahndung. Seinen Zuhörern gefiel das nicht, sie hatten eine Menge Einwände, fühlten sich eingeengt in ihrer Freiheit und äußerten die Sorge, dass Schilys Sicherheitspolitik ein Feindbild gegen Ausländer aufbaue. Gantzer argumentierte dagegen, stieß aber unverändert auf Einwände, und je weiter der Abend fortschritt, desto ungehaltener wurde er. Schließlich sagte er mit einiger Vehemenz: «Ich will auch das Produkt Sozialdemokratie verkaufen, also muss ich mich auf den Verbraucher einstellen.»

Der Verbraucher, in diesem Fall der Wähler, unterstellte Gantzer, wolle eine strenge Sicherheitspolitik. Die Umfragen, die damals günstig waren für Otto Schily, schienen das zu bestätigen. Aber nicht deshalb herrschte nach Gantzers Satz für einige Sekunden Stille im Gasthaus. Es war der

Wechsel in der Argumentation. Hatte Gantzer bis dahin Schilys Sicherheitspolitik verteidigt, weil er sie inhaltlich für sinnvoll hielt, verteidigte er sie nun, mit dem Rücken an der Wand, weil er sie für Erfolg versprechend im Wahlkampf hielt. Von der Sachpolitik war er zum Politmarketing gewechselt, von politischen Begriffen zu ökonomischen: Produkt, verkaufen, Verbraucher. Seine Zuhörer, die zum kleinen Kern der politisch stark interessierten Bürger gehörten, irritierte das, sie fanden das Argument in dieser Debatte unpassend. Schließlich sagte jemand: «Ich hätte mir gewünscht, dass bei der Ausrichtung der Innenpolitik weniger wahltaktische Überlegungen eine Rolle gespielt hätten.» Gantzer zuckte mit den Achseln.

Am nächsten Tag war ich mit Otto Schily in Baden-Württemberg unterwegs. In Plochingen hielt er eine Rede beim Neujahrsempfang der örtlichen SPD. Er begann damit, sich selbst für seine politische Bilanz zu loben, und nannte dann die Gründe, die für eine strikte Sicherheitspolitik sprechen. Sein erstes Argument war: «Sicherheit ist ein Standortfaktor.»

Das waren zwei Beispiele für Ökonomismus in der Politik innerhalb von 24 Stunden. McKinsey war nicht beteiligt, aber die Beispiele zeigen, wie selbstverständlich ökonomisches Denken in der Politik geworden ist. Es ging keineswegs um Wirtschafts- oder Finanzpolitik, und trotzdem schöpften die Argumente und die Sprache aus dem Bereich der Ökonomie. Diese Unterwerfung nenne ich McKinsey-Politik.

Der direkte Einfluss von McKinsey auf die Bundespolitik ist schwer messbar, wahrscheinlich aber nicht besonders groß. Seitdem Herbert Henzler nicht mehr Chef ist, sind die Drähte in die politische Szene dünner geworden. Zwar berät McKinsey Ministerien, aber Henzlers Nachfolger Jürgen Kluge findet in der Politik nicht so viel Gehör wie sein Konkurrent Roland Berger, Chef der gleichnamigen Unternehmensberatung. Berger berät sowohl Gerhard Schröder als auch Edmund Stoiber, die beiden Kontrahenten der Bundestagswahl 2002. Stoiber empfahl er, seine Fördermittel auf wenige Orte in Bayern zu konzentrieren, statt sie über den gesamten Freistaat zu verteilen. Stoiber hörte auf Berger und ließ das einstige Bauerndorf Martinsried nahe München zu einem Zentrum für Biotechnologie ausbauen. Das brachte Arbeitsplätze und Prestige, allerdings fühlen sich andere Regionen in Bayern benachteiligt. Vor allem strukturschwache Gebiete in Franken klagen, dass für sie kein Geld übrig ist. Aber Gerechtigkeit oder Ausgleich ist nie ein Ziel von Unternehmensberatungen.

Einen großen Einfluss hat McKinsey auf die Lokalpolitik. Stadtverwaltungen zu beraten ist mittlerweile ein gutes Geschäft für die Firma. Vor allem in Dortmund und Wolfsburg hat sich McKinsey stark engagiert. Es sind aber weniger die direkten Einflüsterungen von Unternehmensberatern, die Politiker zu Erfüllungsgehilfen des Ökonomismus machen, vielmehr sind sie selbst längst vom Effizienzdenken beherrscht. Der deutsche Politiker, der dies am stärksten verkörpert, ist Friedrich Merz von der CDU, bis zur Bundestagswahl 2002 Vorsitzender der Unionsfraktion im Deutschen Bundestag. Er soll deshalb hier vorgestellt werden.

Wieder einmal hat Friedrich Merz den verehrten Wählern
ganz genau erklärt, wie das so ist mit der Ökonomie in
Deutschland. Willig haben hundert Bürger im westfä-
lischen Restaurant «Balver Höhle» säckeweise Zahlen ge-
fressen und sind nun bestens belehrt über Steuerreform,
Rente, Euro, Globalisierung. Sie wissen, dass es auf die Jugend ankommt, auf das Internet, auf Bildung. Merz hat vor-
züglich gerechnet und begründet, und nach einer Stunde
am Rednerpult darf er sich mit dem schönen Gefühl setzen,
erneut ein Stück Aufklärungsarbeit geleistet und hundert
Bürger auf die neuen ökonomischen Herausforderungen
vorbereitet zu haben. Nun erwartet er Fragen, damit er das
Thema vertiefen kann. Ein Blatt Papier liegt vor ihm, seinen Stift hält er senkrecht, damit er blitzschnell mitschrei-
ben kann und kein Gedanke verloren geht. Schon erhebt
sich der erste Bürger und fragt: «Herr Merz, warum sind
Sie eigentlich dagegen, dass der Tierschutz im Grundgesetz
verankert wird?» Merz sieht plötzlich müde aus. Tierschutz? Erkennt denn niemand außer ihm, worauf es ankommt? Wirtschaft, Wirtschaft, Wirtschaft. Friedrich
Merz ist ein Ökonomist in den Zeiten des Ökonomismus.
Aber anders als Gerhard Schröder oder Guido Westerwelle
versteht er dabei keinen Spaß. Mit Merz zieht ein gestren-
ges Wirtschaftsdenken in die Bundesrepublik ein.

Als er zu Besuch in Papenburg ist, will er natürlich die
Meyer-Werft besichtigen. Er tut all das, was ein Politiker
tun muss, klettert im Rohbau eines Dampfers herum und
stellt hochinteressiert Fragen. Darüber hinaus führt er ei-

nen Dialog mit dem Geschäftsführer der Werft, wie ihn kein anderer Politiker führen kann und will.

«Was hat das Unternehmen eigentlich für eine Rechtsform?», fragt Merz.

«GmbH», sagt der Geschäftsführer.

«GmbH & Co.?»

«GmbH & Co.»

«Also eine KG?»

So geht es ewig weiter, und der Einzige, dem dabei nicht langweilig wird, ist Friedrich Merz. Er fragt so eifrig, als suchte er eine optimierte Rechtsform für sein politisches Lieblingskind, das Unternehmen Deutschland, bislang bekannt als Deutschland AG.

Wo Merz herkommt, sind politische Fragen Wirtschaftsfragen. Im Hochsauerland verlässt man sich auf die Familie und verflucht die Infrastruktur, weil sie ewig lückenhaft bleibt. Der politische Kampf ist seit Menschengedenken ein Kampf um das nächste Autobahnteilstück. Anschluss kriegen, mithalten, aufholen, unter diesen Maßgaben hat Friedrich Merz in der Jungen Union des Städtchens Brilon Politik gelernt. Nach der Schule zog er eine Schleife im Fach Jura, um sich dann im Verband der Chemischen Industrie die Brille der Wirtschaft aufsetzen zu lassen. Als er 1989 ins Europaparlament gewählt wurde, kümmerte er sich um Wettbewerbsfragen. Nach dem Wechsel in den Bundestag 1994 baute er sich zum Finanzpolitiker auf. Nun ist er der Meister der Zahlen, wurde aber von der Kohl'schen Sintflut zunächst in das Amt eines Generalisten gespült: Als Oppositionsführer musste er sich zu allem äußern können.

Natürlich sind die Zuhörer in Balve und anderswo beeindruckt von der ökonomischen Kompetenz des Herrn
Merz, applaudieren brav, wenn auch etwas matt von der
schweren Kost. Aber hat nicht jeder ein leichtes Frösteln
gespürt, als wäre ein kühler Lufthauch durch die Gaststu-
ben und Säle gezogen? Fehlte da nicht etwas in seiner
Rede? Was war das gleich? Tiere, okay. Aber noch etwas,
noch wichtiger für die Partei mit dem großen C im Namen?
Eine Fragerin nennt schließlich das Wort, ein bisschen
schüchtern: «Was, Herr Merz, ist eigentlich Ihr Standpunkt
in der Familienpolitik? Also, sagt Merz, gleichgeschlechtli-
che Ehen, dafür sei er nicht zu gewinnen, die Homosexuel-
len könnten ja tun, was sie wollen, «solange ich da nicht
mitmachen muss», aber eine richtige Familie sei doch etwas anderes. Nun hat er das Wort – Familie – immerhin
gesagt, aber ein Gefühl von Wärme will trotzdem nicht
aufkommen. Politik fürs Herz macht Merz nicht.

Das passt ja auch nicht zusammen: Ökonomismus und
Familie. «Warum das denn?», fragt entrüstet Friedrich
Merz bei einem Gespräch mit mir in einem Gasthaus in Papenburg. Im Gegenteil, findet er: «Die Familie wird immer
wichtiger. Gerade wenn die Berufswelt viel von einem verlangt, muss man einen Ort haben, wo man sich fallen lassen kann. Wenn das nicht funktioniert, wäre das Produkt
Familie ein miserables Produkt.» Produkt Familie – Merz
kommt nicht raus aus diesem Denken. Er ist auch bei diesem Gespräch schnell bei den gleichgeschlechtlichen Le-
bensgemeinschaften, und auf die Frage zu einer neuen Familienpolitik fällt ihm nur ein, dass die Politiker wieder
Vorbild sein müssen. Er selbst ist das, keine Frage. Er hat

daheim eine Frau und drei Kinder, und die sind wohlgeraten, wie Merz freudig erzählt, zwei hätten es zu Klassensprecherinnen gebracht, einer zum Schulsprecher. Und die Gattin sei Presbyterin. Eine Hochleistungsfamilie also.

Aber geht es nicht um etwas anderes? Dass mehr und mehr Flexibilität das gemeinsame Wochenende bedroht, zum Beispiel? Dass der Widerspruch zwischen Ökonomisierung und Familie der Grundwiderspruch dieser Gesellschaft ist und mehr noch einer Partei, die fortschrittlich und konservativ zugleich sein will? Solche Klippen umschifft Merz mit starker Schlagseite. Für die Wirtschaft muss man etwas tun, auf die Familie kann man sich verlassen. Da denkt er ganz sauerländisch.

Seine Fraktion im Bundestag regierte Merz nach den Gesetzen der Wirtschaft. Er hatte sich McKinsey ins Haus geholt, die Berater sollten ihm helfen, Mitarbeiter zu finden. Wer für die Fraktion arbeiten wollte, musste sich fragen lassen, welche Preispolitik einer Restaurantkette zu empfehlen sei. Jeder muss ein kleiner Manager sein in Merz' Welt. Er selbst würde den Eignungstest von McKinsey wohl bestehen, war immer der Erste, Beste und Jüngste aller Zeiten im Hochsauerlandkreis. Auch vom Phänotyp passt er zu den Beratern: schlank, drahtig, selbstbewusst bis zur Arroganz, flexibel, dem Neuen aufgeschlossen. Die Zeitschrift *Tomorrow* wählte seine Homepage zur besten aller Politiker im Bundestag.

Es gibt nun viele Politiker wie Friedrich Merz, in allen größeren Parteien außer der PDS. Fast jeder versucht, sich mehr oder weniger zum Wirtschaftsexperten zu mausern.

Das schmückt, das gefällt angeblich dem Wähler. Den Triumph dieses Denkens haben drei Faktoren begünstigt: die regelmäßig wiederkehrenden Wirtschafts- und Haushaltskrisen seit den siebziger Jahren; die gestiegene Bedeutung des Politikmarketing sowie die wachsende Unternehmensmacht vor allem infolge der Globalisierung.

Die Wirtschafts- und Haushaltskrisen

In den siebziger Jahren wurde die Bundesrepublik erstmals von echten Wirtschaftskrisen heimgesucht. Am 6. Oktober 1973, dem Tag des jüdischen Jom-Kippur-Festes, griff Ägypten überraschend Israel an. Die arabische Welt flankierte diesen Krieg, indem sie den Ölpreis innerhalb kurzer Zeit um das Dreifache in die Höhe trieb. Das war der erste Ölpreisschock, der die Bundesrepublik aus der Behaglichkeit eines scheinbar immer währenden Wachstums und gesicherter ökonomischer Verhältnisse riss. 1979 folgte eine zweite Ölkrise, als im Iran Unruhen ausbrachen, die zum Sturz des Schahs führten. Diesmal stieg der Ölpreis um mehr als das Doppelte. Für eine Wirtschaft, die stark vom Ölimport abhängt, waren das Katastrophen. Das Wachstum brach ein, Arbeitslosigkeit wurde zu einem Massenphänomen. Gleichzeitig stand die Mark unter starkem Inflationsdruck, durch den Ölpreis, aber auch durch explodierende Löhne sowie wachsende Staatsausgaben, die nicht durch Einnahmen gedeckt waren. Der Haushalt von Bund, Ländern und Kommunen glitt zunehmend ins Defizit.

Seit dieser Zeit ist die Bundesrepublik nie mehr in ein stabiles wirtschaftliches Gleichgewicht gekommen. Die Politik reagierte darauf zumeist mit kurzfristigen Maßnahmen. Staatsprogramme sollten die Arbeitslosigkeit eindämmen. Dadurch stiegen die Defizite der Haushalte und die Inflationsrate. Das alarmierte die Bundesbank, die den Geldwert mit steigenden Zinsen stabil halten wollte. Hohe Zinsen aber sind Gift für die Konjunktur, fördern also die Arbeitslosigkeit. Aus diesem Widerspruch kam die Politik nicht mehr heraus. Im kurzatmigen Kampf gegen die Krisen übersah man, dass sich strukturelle Schwächen verfestigten. Bildung und Forschung wurden vernachlässigt, ein Übermaß an Bürokratie dämmte die Innovationsfreude der Unternehmen ein. Die deutsche Einheit mit ihren hohen Folgekosten für den Staat trieb die öffentlichen Haushalte weiter ins Defizit.

Während es der Bundesbank und später der Europäischen Zentralbank leidlich gelang, den Geldwert stabil zu halten, bekam die Politik das Problem der Arbeitslosigkeit nicht in den Griff. Dies ist ein ganz entscheidender Faktor für den grassierenden Ökonomismus. Das Thema Arbeitslosigkeit macht Angst, gefährdet die Stabilität einer Gesellschaft und entscheidet über die Wahlerfolge von Politikern. Vor allem deshalb wurde Politik in erster Linie Wirtschafts- und Finanzpolitik. Jeder Vorschlag muss sich inzwischen zuerst der Prüfung unterziehen, was er für den Standort bedeutet, also für die Wettbewerbsfähigkeit Deutschlands im weltweiten Kampf um Arbeitsplätze. «Standort» wurde zu einem der meistgebrauchten Wörter in der deutschen Politik. Was dem Standort nützt, ist gut, und deshalb versucht man alles so zu drehen, dass es dem Standort nützt. Wenn sich ausländische Manager sicher fühlen können in der Bundesrepublik, sicher zum Beispiel vor Überfällen aus Habgier oder Rassismus, dann sind sie eher bereit, hierzulande eine Fabrik zu bauen. Das meinte Schily mit seinem Argument, Sicherheitspolitik sei Standortpolitik. So gesehen ist ziemlich alles Standortpolitik, und jeder, der politisch handelt, zwingt sich in ein ökonomisches Denken, weil das den meisten Erfolg verspricht.

Am Wort Standort hängen oft auch Totschlagargumente. Die Dominanz der Standortpolitik hat zum Beispiel die Umweltpolitik, die in den achtziger Jahren ein wichtiges Thema war, an den Rand gedrängt. Die Dominanz der Standortpolitik hat auch dazu geführt, dass soziale Leistungen ständig infrage gestellt und reduziert wurden. Denn in der allumfassenden Standortdebatte ist alles positiv besetzt, was den Arbeitgebern nützt. Die schaffen ja die Arbeitsplätze. Was den Arbeitnehmern oder gar den Arbeitslosen das Leben angenehm macht, ist negativ besetzt. Es kostet und ist deshalb ein Nachteil im internationalen Wettbewerb.

Jeder Politiker, der für die Massen wählbar sein wollte, musste sich Kompetenz zulegen in der Standortpolitik, was vor allem heißt: Schaffung von neuen Jobs, ökonomische Kompetenz also. Als ökonomisch kompetent gilt mehr als jeder andere der Manager, der Firmenlenker, der Unternehmensberater. So wurde der Manager zum Ideal der Politiker.

Niemand hat das so gut erkannt wie die beiden Spitzenkandidaten der Bundestagswahl 2002, Edmund Stoiber und Gerhard Schröder. Stoiber gelang es, sich über seine erfolgreiche Wirtschaftspolitik in Bayern das Image eines Managers zuzulegen. Er gilt als persönlich effizient, asketisch, ungeheuer fleißig.

Schröder hat als Ministerpräsident von Niedersachsen nicht so erfolgreich Wirtschaftspolitik betrieben wie Stoiber und ist auch vom Phänotyp her eher das Gegenteil eines Managers, lebensfreudig, rundlich. Aber Schröder hat es verstanden, sich das Image eines Politikers zu geben, der mit Managern gut kann. Er gilt als «Genosse der Bosse». Geschickt nutzte er die Beteiligung des Landes Niedersachsen an Volkswagen, um sich den Ruf eines «Automannes» zuzulegen. Die Automobilindustrie ist die wichtigste Branche in Deutschland.

Ich sah Schröder einmal, wie er in Berlin am Potsdamer Platz für DaimlerChrysler einen neuen Prototyp vorstellte, der mit Brennstoffzellen angetrieben wird. Er saß in der ersten Reihe neben Jürgen Schrempp, dem Chef von DaimlerChrysler, halb umringt von einem Dutzend Fotografen. Schröders Blick wanderte von rechts nach links, damit ihn jeder Fotograf frontal aufnehmen konnte. Schrempp sprach derweil mit einem Mann, der hinter ihm saß. Daraufhin gemahnte ihn Schröder, doch mit ihm zusammen in die Kameras zu gucken. Das hat er sicher nicht getan, um Schrempp Geltung zu verschaffen. Das hat er für sich getan. Er wollte, dass die Zeitungen Fotos bringen, die ihn im besten Einklang mit Deutschlands wichtigstem Industrieboss zeigen. So leiht sich Schröder das Image eines Managers. Als dann das Auto präsentiert wurde, stürzte sich Schröder gleich hinters Steuer, während für Schrempp nur der Platz neben der Tür blieb. Schröder grinste so breit und saß so selbstverständlich in dem kleinen Mercedes, als habe er ihn selbst entwickelt.

Weil wirtschaftliche Kompetenz nie eine Stärke der SPD war, bestritt Schröder den Wahlkampf 1998 mit einem Manager, Jost Stollmann. Der blamierte sich, weil er zu wenig vom politischen Geschäft verstand, weshalb ihn Schröder bald ersetzte, wiederum durch einen Manager. Werner Müller hatte bei den Energiekonzernen Veba und RWE gearbeitet und wurde in Schröders erstem Kabinett Wirtschaftsminister. Lothar Späth von der CDU war erst Ministerpräsident in Baden-Württemberg und dann Vorstandsvorsitzender des Technologiekonzerns Jenoptik in Jena. Edmund Stoiber holte ihn in sein «Kompetenzteam» für den Wahlkampf 2002, weil Späth nun wie keinem anderen Politiker das Image eines Managers und Machers anhaftete.

In Italien hat es ein Unternehmer sogar zum Regierungschef gebracht: Silvio Berlusconi. Auch der Bürgermeister von New York ist ein Unternehmer, Michael Bloomberg. Beide gebieten über Medien-Imperien, was nützlich ist für die öffentliche Stützung ihrer Politik. Aber genauso profitieren sie vom Image, das sie als Lenker von Wirtschaftsbetrieben automatisch genießen: dass sie die Fähigkeiten eines Managers haben, dass sie mit Geld umgehen, organisieren können. Politische Standpunkte treten demgegenüber zurück. Da sich kein Spitzenpolitiker ideologisch oder programmatisch festlegen will, bleibt als einziges Kernversprechen, dass man mit den allfälligen Wirtschaftskrisen schon fertig werden wird, dass man ein guter

Krisenmanager sein kann. Und wenn es ums Managen geht, dann liegt nahe, dass man gleich den wählt, der als Profession Manager oder Unternehmer angeben kann.

So sind die Politiker von heute entweder selbst Manager, handeln wie Manager, machen sich zu Freunden von Managern oder denken zumindest wie Manager, um ihre Politik zu begründen. Zur Vielfalt der politischen Debatte trägt das nicht bei. Wobei Schröder so flexibel ist, dass er je nach Stimmungslage im Land mal Genosse der Bosse und mal Genosse der Gewerkschafter ist. Das ist im Prinzip ein typischer Widerspruch für einen deutschen Politiker. Fast alle haben das Herz eines Sozialdemokraten und die Ratio eines Managers. So tragen sie im Inneren den Konflikt aus, der eigentlich öffentlich ausgetragen werden müsste: Politik für die Schwachen gegen Politik für die Starken. Im Ergebnis führt das zu der bekannten Schwammigkeit der Politik, keine Konturen, keine Entscheidungen. Die Blockade, unter der die Gesellschaft insgesamt leidet, beginnt in jedem Politiker selbst. Er will Manager sein, traut sich aber nicht so richtig, weil dann sein sozialdemokratisches Herz zerspringt. Er will Sozialdemokrat sein, traut sich aber nicht so richtig, weil dann sein Managerverstand aufbegehrt. So kann es nie zu entschiedenen Reformen kommen, weder in die eine noch in die andere Richtung.

Die Qualitäten eines Managers sind zudem gefragt, weil die Politik von heute vor allem effizient sein muss. Das hat mit den Haushaltsdefiziten zu tun. Seit den siebziger Jahren ist Politik außer Standortpolitik immer auch Sparpolitik. Der Kampf gegen die ewigen Schulden bringt einen speziellen Typus von Politiker hervor, den Sparkommissar, auch er ein Manager, vom Spezialfach Controlling. In der Politik nennt er sich Finanzminister oder Stadtkämmerer.

Er ist grauer als die anderen, unscheinbar. Sein Anzug ist von der Stange, nicht elegant, Durchschnitt. Er hält Maß, auch persönlich. Sein Auftreten ist bescheiden, Show lehnt er ab. Er hat nichts dagegen, wenn man ihn für einen Langweiler hält. Er ist einer, der mächtigste Langweiler des Landes. Darauf ist er stolz, denn uneitel ist er nicht. Er hält sich nur am Anfang zurück, überlässt anderen die Bühne. Im Kabinett hört er zu, wenn die Ministerkollegen aus den Fachressorts reden, wenn sie Konzepte entwerfen, Ideen haben, die Phantasie spielen lassen (was so oft allerdings nicht vorkommt). Er blättert in seinen Papieren, liest. Er sieht nicht aus wie ein Star, aber er ist einer. Das Volk mag ihn, weil er eisern ist, eisern spart. Sparen ist gut.

Er ist seiner Partei früh beigetreten, hat unauffällig Karriere gemacht. Irgendwann war er Ministerpräsident eines Bundeslandes, und niemand weiß genau, warum. Er ist kein großer Redner, er zieht keine Show ab. Man vermutet ihn eher in einer Sparkasse als ganz oben in der Politik. Von seinem Privatleben weiß man nicht viel mehr, als dass er ein Häuschen hat, für das er die Raten pünktlich abzahlt. Er lacht nicht viel. Er wirkt ernst und bescheiden, und das ist gut in der Finanzkrise. Deshalb hat ihn eines Tages der Bundeskanzler angerufen und gefragt, ob er sich den Job zutraue. Er bat um Bedenkzeit, sprach mit seiner

Frau, dann rief er den Bundeskanzler exakt zum vereinbarten Zeitpunkt zurück. Ja, sagte er, ich werde es machen.

Er liest viel in Akten. Er sieht die Zahlen, und immer sind sie ihm zu hoch. Er rechnet. Interessant sind nur Milliarden. Er braucht Milliarden, die verschwinden können, Strich durch, weg damit. Für die Folgen stehen andere gerade. Ihn macht das Streichen zum Star, die Kollegen sind dann die Kahlschlagpolitiker.

Bestens vorbereitet sitzt er in der Kabinettssitzung, hört immer noch zu, Ideen, Phantasie. Dann kommt die Frage, die ihn zum mächtigsten Mann der Regierung macht: Haben wir Geld dafür? Er sagt nicht sofort nein. Er erklärt die Lage. Die Lage ist immer schwierig. Dann kommen die Zahlen, er ist Herr der Zahlen. Die Zahlen sind schlecht. Er würde gerne ja sagen, sagt er, wirklich. Er findet Visionen und Phantasie gut, auch wenn er selbst sie nicht hat. Aber nach Kassenlage gibt es keinen Spielraum für Visionen und Phantasie. Tut ihm Leid, wirklich. Konjunktureinbruch. Außerplanmäßige Belastungen. Rückgang des Steueraufkommens. Druck aus Brüssel. Anstieg der Arbeitslosigkeit. Hohe Zinslast. Noch einmal Zahlen, immer wieder Zahlen. Er schüttelt den Kopf. Es geht wirklich nicht. Nein. Kein Geld in der Kasse, sorry.

Das ist die Standardsituation der deutschen Politik. Diese Szene wiederholt sich bei nahezu jeder Kabinettssitzung. Gerhard Stoltenberg, Finanzminister unter Helmut Kohl, und Hans Eichel, Finanzminister unter Gerhard Schröder, verkörpern den Typus des Sparkommissars perfekt. Er sitzt in jeder Landesregierung, in jedem Rathaus. Aber nicht nur Finanzminister und Stadtkämmerer sind Pfennigfuchser. Jeder Politiker hat inzwischen im Kopf, dass kein Geld da ist, dass er sparsam wirtschaften muss. Nichts hat die Spielräume der Politik so verengt wie die hohen Haushaltsdefizite. In der Demokratie herrscht die Diktatur des Sparzwangs. Das oberste Gebot ist immer Wirtschaftlichkeit, also Effizienz. Der Staat soll effizient sein, das heißt, seine Ziele mit möglichst geringen Kosten erreichen. Als Vorbild für Effizienz gelten Unternehmen, weil die ihre Kosten wegen des Wettbewerbs niedrig halten müssen, weshalb sie sich ja auch ständig von Firmen wie McKinsey durchleuchten lassen. Die Folge ist, dass der Staat wie ein Unternehmen handeln, seine Strukturen mehr und mehr denen von Unternehmen angleichen soll. Da schließt sich der Kreis: Der Politikertypus des Managers soll einen Staat führen, der eigentlich ein Unternehmen ist.

Wer heute mit einer Verwaltung zu tun hat, soll nicht mehr als Bürger behandelt werden, sondern als Kunde, als jemand, der eine Leistung nachfragt. Das gilt als modern, weil es die Marktsituation nachahmt.

Als die Bundesanstalt für Arbeit wegen einer Krise in die Schusslinie kam, wurde das sofort und dankbar zum Anlass genommen, eine grundsätzliche Reform zu fordern. Fast alle Medien und Politiker stimmten darin überein, dass die Bundesanstalt eine behäbige Behörde sei, die Arbeitslosigkeit mehr verwalte als bekämpfe. Präsident Bernhard Jagoda wurde abgesetzt und durch den Sozialpolitiker Florian Gerster von der SPD ersetzt. Der erfüllte dann in seinen ersten Äußerungen die allgemeine Erwartung, dass die Arbeitslosigkeit besser bekämpft würde, wenn die

Nürnberger Behörde die Struktur eines Unternehmes bekäme. In einem Interview mit der *Frankfurter Allgemeinen Sonntagszeitung* sagte Gerster unter anderem:

«Ich sehe mich auch als change manager.»
«Wir brauchen ein Innovationsmanagement.»
«Ich bin ein politischer Manager.»

Er sprach die Sprache der Wirtschaft. Das kommt an, klingt nach Kompetenz, nach Effizienz. Man muss das nicht genau verstehen, um zu wissen, dass es seine Richtigkeit hat. Dreimal Manager oder Management in einem Interview, das geht dann schon in die richtige Richtung, sollen die Bürger denken. Dazu passt, dass Gerster auch private Arbeitsvermittler zulassen wollte.

Diese Änderungen und der Konsens, der darüber herrschte, zeigten vor allem, wie groß das Vertrauen in alles ist, was nach «Wirtschaft» klingt, nach «Manager», nach «privat». Das hat sich der Staat selbst zuzuschreiben, weil er sich den Bürgern in einem schlechten Zustand präsentiert. Insofern muss man den Abschied vom Vertrauen in den Staat nicht bedauern. Schade ist nur, dass «Wirtschaft», «Manager» und «privat» nun fast automatisch als die bessere Alternative gelten, dass nicht mehr geprüft, nicht mehr nachgedacht wird, welches System am besten geeignet ist, eine Aufgabe zu lösen. Fortschritt in der Politik ist immer nur, was sich in Richtung «freie Wirtschaft» bewegt. Das Gegenteil kann aber der Fall sein, wie zum Beispiel in Großbritannien sichtbar ist, wo die Privatisierungen von Eisenbahn oder Wasserversorgung die Bürger oft schlechter gestellt haben als zuvor.

Es spricht natürlich nichts dagegen, dass eine Verwaltung effizient ist. Es wäre schön, müsste man nicht mehr so lange auf ein neues Nummernschild oder einen neuen Pass warten. Leider kann man nicht den Eindruck haben, dass die Verwaltungen nach all den Reformen und Umwandlungen in Als-ob-Unternehmen besser arbeiten. Meist heißt mehr Effizienz lediglich, dass Leistungen gekürzt werden, vor allem dem Bürger angenehme Leistungen: Zuerst werden die Büchereien geschlossen, dann die Schwimmbäder. Es sinken die Zuschüsse für Schulbücher, und wenn ein Klassenraum neue Farbe braucht, müssen die Eltern selbst zum Pinsel greifen.

Das ist eine Folge der Umwandlung des Bürgers in einen Kunden. Ein Bürger hat Ansprüche gegenüber dem Staat, zum Beispiel auf die Möglichkeit zur Bildung, unabhängig vom persönlichen Einkommen. Ein Kunde hat Anspruch auf das, was er bezahlt. Da niemand für den Entleih von Büchern einen kostendeckenden Beitrag zahlen würde oder könnte, schließt man die öffentlichen Bibliotheken. Sie sind nicht marktgerecht, genauso wenig Schwimmbäder oder Theater.

So führt das McKinsey-Denken in Politik und Verwaltung zu einem paradoxen und traurigen Ergebnis. Der Bürger wird in einen Kunden verwandelt, weil man unterstellt, dass der Kunde besser behandelt wird als der Bürger. Was viel sagt darüber, wie tief der Ökonomismus in die Gesellschaft vorgedrungen ist. Das wirtschaftliche Subjekt wird höher eingestuft als das politische. Im Grundgesetz war das so nicht vorgesehen, der Kunde kommt dort nicht vor. Ist der Bürger dann zum Kunden geworden, behandelt man ihn schlechter als zuvor, weil ein Kunde nicht den gleichen Schutz genießt wie ein Bürger, zum Beispiel durch das Grundgesetz.

Viele Aufgaben des Staates sind so grundsätzlich anders als die von Unternehmen, dass es absurd ist, dieselben Maßstäbe anzuwenden, Verteidigung zum Beispiel. Herbert Henzler sagte mir, dass er die Bundeswehr niemals beraten würde, weil ihm an einer Effizienz des Kämpfens, einer Effizienz des Tötens nicht gelegen sei. Gleichwohl hat das ökonomistische Denken längst Einzug gehalten in die Welt des Militärs.

Als ich im Oktober 2001 eine Veranstaltung der Bundeswehr in der General-Steinhoff-Kaserne in Berlin besuchte, war die Stimmung unter den Offizieren angespannt. Wenige Wochen zuvor hatten Terroristen das World Trade Center zertrümmert, und die westliche Welt rüstete sich für einen Krieg in Afghanistan. Gastredner an diesem Abend in der Kaserne war der Staatssekretär im Verteidigungsministerium, Walther Stützle. Er redete von «Bekleidungswesen» und «Fahrzeugflotten-Management», von «funktionaler Leistungsausschreibung», «Liegenschaftsnetzen», «Controlling» und «Outsourcing». Das Ziel der Bundeswehr, sagte Stützle, sei ein «Höchstmaß an Effizienz und Wirtschaftlichkeit», mit anderen Worten: Heer, Luftwaffe und Marine sollten zu Unternehmen werden, die Offiziere zu Managern. Es war befremdlich, das gerade in dieser Situation zu hören, als absehbar war, dass die Bundeswehr demnächst nach Afghanistan abrücken würde, zum schwierigsten Auftrag ihrer Geschichte. Würde die Armee kampftüchtiger sein, wenn hinter jedem Feldwebel ein Controller stünde, wenn sie eine Gesellschaft mit beschränkter Haftung wäre?

Es ist nicht mehr ausgeschlossen, dass sie eines Tages eine GmbH ist. In den Vereinigten Staaten und in Großbritannien wird längst darüber diskutiert, ob nicht private Söldnerarmeen viel effizienter kleinere Kriege führen können als staatliches Militär. Die Unternehmen dafür gibt es längst, und sie bekommen Aufträge, auch von Staaten. Da ihr Ziel die Gewinnmaximierung ist, müssen sie Wege finden, wie möglichst effizient getötet werden kann. Wenn dieses Geschäftsfeld weiterhin wächst, wird sich auch McKinsey nicht sperren, den Söldnerfirmen mit gutem Rat zur Seite zu stehen.

Politikmarketing

Politiker in den Vereinigten Staaten kamen zuerst darauf, dass Wahlkämpfe nicht nach grundsätzlich anderen Gesichtspunkten funktionieren als Werbefeldzüge. Es gibt ein Produkt, das Wahlversprechen eines Kandidaten, es gibt potenzielle Kunden dafür, die Wähler, und im Wahlkampf müssen Produkt und Kunde aufeinander zugeführt werden, bis der Kunde sich am Wahltag zum Kauf entschließt, also sein Kreuz an der richtigen Stelle macht. Als das erkannt war, lag es nahe, Wahlkämpfe von Leuten führen zu lassen, die sich auf Werbung und Marketing für Unternehmen verstehen. Entweder weil sie dort gearbeitet haben oder weil sie bereit waren, sich von dort das Wissen zu holen. Damit war ein neuer Menschentypus in der politischen

Landschaft: der Politikverkäufer, der Wahlkampagnenleiter, der Spin Doctor.

Er raucht viel. Er ist nervös, immer in Bewegung. Er neigt dazu, andere für dumm zu halten, weil sie nicht wissen, wie die Welt tickt. Er weiß es. Er liest viel, alle Zeitungen, die etwas gelten, Magazine, Ausschnittdienste, als Erstes und besonders gründlich immer «Bild». In seinem Büro läuft ständig der Fernseher, Nachrichtensendungen, politische Magazine, auch Talkshows am Nachmittag, wenn die Leute sagen, was so ihre Probleme sind und ihre Vorstellungen vom Leben. Man sagt ihm nach, er habe einen Riecher für Stimmungen. Man sagt auch, er habe das so lange von sich gesagt, bis es alle anderen auch gesagt haben. Meinungen zu bilden ist seine Aufgabe.

Drei Jahre lang hört man nichts von ihm. Er macht irgendwas in seiner Partei oder ist Journalist oder Werbeexperte und weiß noch nicht, was einmal seine Aufgabe sein wird. Dann kommt der Anruf. Noch ein Jahr bis zur nächsten Wahl, ob er Wahlkampfmanager sein wolle? Er will. Er denkt sofort, dass niemand den Job besser machen könne als er. Er guckt jetzt nach Amerika, wenn er es nicht ohnehin schon die ganze Zeit gemacht hat. Er studiert die letzten Wahlkämpfe dort, liest Bücher, fliegt rüber, trifft ein paar Leute, darunter ein, zwei, die er anhimmelt. Dick Morris zum Beispiel, der konsequent wie niemand sonst Wahlkampf als Werbe- und Marketingkampagne geführt hat.

Beseelt fliegt er zurück nach Deutschland und baut eine Wahlkampagnenzentrale auf. Sein Vorbild sind Werbeagenturen. Er will diesen lässigen Ton, diese kreative Stimmung, keine Krawatten, Füße auf dem Tisch, Mineralwasser in Flaschen, die nach Cool Water aussehen, Espressomaschinen. Er raucht jetzt noch mehr als sonst. Er ist hypernervös. Er will die kleinste Stimmungsschwankung in der Bevölkerung mitkriegen. Er braucht jetzt Zahlen, Umfragen, Umfragen. So gefüttert, lässt er seine Leute Slogans und Logos entwerfen. Politik wird jetzt zur Marke. Die Slogans und Logos, die ihm gefallen, lässt er testen. Eine repräsentative Auswahl von Bürgern schaut diese Slogans und Logos an und sagt, welche Wirkung sie haben. Die Slogans und Logos werden daraufhin geändert und schließlich unters Volk gebracht, Anzeigen, Werbespots, am liebsten aber über redaktionelle Beiträge in Zeitungen oder Fernsehsendungen.

Er gibt jetzt fast täglich Interviews, gerne beim Mittagessen bei einem Italiener um die Ecke. Hausgemachte Tagliatelle, eine leichte Sauce, Pellegrino. Ständig wird er gefragt, ob es nicht eher auf Inhalte ankomme, und da stimmt er ganz vehement zu: Natürlich, Inhalte sind das Wichtigste, keine Frage, da sind wir uns völlig einig. Er redet und redet, wirbt, verkauft. Der Artikel, den Sie da kürzlich geschrieben haben, sagt er, der trifft die Sache nicht. Sehen Sie es doch mal von dieser Seite … Von seiner Seite. Er kann sehr liebenswürdig sein.

Zurück in der Wahlkampagnenzentrale, findet er die jüngste Umfrage auf seinem Schreibtisch. Der Gegner legt zu. Er hat jetzt wahnsinnig schlechte Laune, staucht ein paar Leute zusammen. Wir brauchen einen neuen Slogan, brüllt er durch die Gänge.

Er ist wachsam. Er studiert die Gegner, er wartet auf Fehler. Entdeckt er einen, schlägt zu. Anruf im Büro des

Kandidaten: Da können wir was draus machen. Sofort wird eine Pressemitteilung verfasst. Die Worte können nicht scharf genug sein: skandalös, Rücktritt, sich entschuldigen. Er muss manchmal selbst grinsen, weil das so albern, so aufgeblasen klingt. Aber egal, Geschäft ist Geschäft.

Am eigenen Kandidaten stört ihn, dass die Show nicht gut genug ist. Er will große Worte, Theatralik, Events. Er kriegt das alles, aber es sieht immer so klein aus, so erbärmlich gespielt, so bieder inszeniert. Ihn kann das wahnsinnig machen. Haben die denn noch nie einen amerikanischen Wahlkonvent gesehen, knirscht er, während er in den Fernseher starrt. Das ist groß, das ist Show.

Die anderen, die Politiker, die Kandidaten, verachten ihn ein wenig. Sie haben das Gefühl, dass schmutzig ist, was er tut, dass Politik eigentlich anders aussehen müsste, dass die Politiker den Bürgern Vorschläge machen sollten, was geschehen soll und nicht umgekehrt. Aber sie haben kein Vertrauen in ihre Kraft. Deshalb brauchen sie ihn. Sie hängen an seinen Lippen. Je näher der Wahltag rückt, desto mehr ist er ihr Freund, ihr Vertrauter, ihre Hoffnung. Sie sind süchtig nach seinen Zahlen, täglich Zahlen, immer mehr Zahlen. Wenn sie öffentlich etwas sagen wollen, was ihnen wichtig ist, fragen sie vorher ihn. Entweder er sagt gleich, was das Volk darüber denken wird, oder er gibt eine Umfrage in Auftrag. Das geht schnell, es gibt genug Institute, tausend Leute am Telefon, schon hat man eine Zahl, eine Stimmung. Die Zahl gibt er dem Politiker, dazu eine Empfehlung, ob er's sagen soll und mit welchen Worten. Für den Kandidaten ist er Wahrnehmung und Stimme. Aber er muss vorsichtig sein. Wenn er eine Empfehlung ausspricht, dann so, dass der Kandidat das Gefühl haben kann, er habe selbst längst in diese Richtung gedacht.

Die Messlatte seines Erfolgs ist die Sonntagsfrage: Welche Partei würden Sie wählen, wenn nächsten Sonntag Wahl wäre? Das Ergebnis dieser wöchentlichen Umfragen verändert alles. Ist es schlecht, fällt er in Ungnade, wird öffentlich gedemütigt und muss nach neuen Slogans und Logos suchen. Und das, obwohl jeder weiß, dass die Umfragen in der Regel nichts taugen.

Dann kommt der Wahltag, und er weiß, dass er nicht gewinnen kann. Geht die Wahl schlecht aus, verschwindet er. Geht die Wahl gut aus, erwähnt ihn niemand. Der Kandidat und seine Mannschaft sind die Sieger, niemand sonst. Sie haben vier Jahre lang eine kluge, überzeugende Politik gemacht und wurden deshalb wiedergewählt. So sagen sie es auf den Siegesfeiern. Er sitzt an einem hinteren Tisch, wenn überhaupt. Ein verstohlener Händedruck ist das Beste, was er zu erwarten hat. Er ist den anderen jetzt peinlich, Symbol ihrer Schwäche, ihrer Angst vor der eigenen Meinung. Für drei Jahre wird er vergessen. Dann kommt ein Anruf. Der nächste Wahlkampf steht an. Ob er eine Idee habe?

Zuerst war es in Deutschland die SPD, die einen Wahlkampf konsequent als Werbekampagne führte. Das war 1998, als Helmut Kohl endlich abgelöst werden sollte. Dafür wurde die Kampa eingerichtet, eine neuartige Wahlkampfzentrale. Ihr wichtigster Berater war Detmar Karpinski von der Werbeagentur KNSK, BBDO, die Kampagnen für die Zigarette Lucky Strike und das Waschmittel «Weißer Riese» gemacht hatten. Mein Kollege Cordt Schnibben hat im *Spiegel* beschrieben, wie Karpinski den Wahlkampf für Schröder entwickelt hat: nach den gleichen Regeln, die in einer Produktkampagne gelten. 2000 Wähler wurden ständig nach ihrer Meinung zu Schröder befragt. Als herauskam, der Kandidat wirke außenpolitisch unerfahren, wurde er nach Jerusalem, Warschau, Paris und Washington geschickt. Als herauskam, seine programmatischen Vorstellungen seien unklar, tourte er mit «Klartext»-Veranstaltungen durch die Städte. Umfrage und schnelle Reaktion, so hieß das Prinzip, mit dem die SPD 1998 erfolgreich war. Heute ist es selbstverständlich für die Politik. Im Wahlkampf 2002 hatte die SPD wieder eine Kampa, angeführt von Bundesgeschäftsführer Matthias Machnig. Die CDU hatte eine «Arena», die nach dem gleichen Prinzip arbeitete, angeführt vom ehemaligen Journalisten Michael Spreng.

Es scheint ja auch nichts dagegen zu sprechen, die Erfahrungen der Wirtschaft für die Politik zu nutzen. Ein Unternehmen muss eine Ware an den Mann bringen, die Politik ein Programm zur Gestaltung des Landes. Was die Werbung um die Kunden oder Wähler angeht, sind die Unterschiede zumindest grundsätzlich nicht so groß. Es muss daher verführerisch sein, Wahlkampagnen als Werbefeldzüge zu führen.

Das Problem ist, dass man Instrumente und Inhalte nicht trennen kann. Wer sich auf die Instrumente der Wirtschaft einlässt, verliert die Hoheit über die Inhalte. Denn die Instrumente fordern ihre eigenen Inhalte. Ein Beispiel dafür sind Umfragen. Unternehmen geben Umfragen in Auftrag, um zu erfahren, was die Kunden kaufen würden. Ihre Produkte gestalten sie dann gemäß den Kundenwünschen. Die Parteien übernehmen dieses Instrument, um die Stimmung im Land zu testen, um zu erfahren, was die Wähler wünschen und was nicht. Damit liegen Zahlen vor, die einen großen Sog ausüben, unwiderstehliche Zahlen. Denn wenn die Zahlen schlecht sind, sollen sie gut werden. Niemand will schlechte Zahlen auf seinem Schreibtisch liegen haben. Also macht man Zahlenpolitik, vergisst das Programm oder schreibt es so um, dass die Zahlen besser werden. Das muss nicht verkehrt sein. Eine Politik, völlig losgelöst von den Wünschen der Wähler, ist in einer Demokratie eine besonders sinnlose Politik. Aber der Sog der Zahlen geht weiter. Denn die Zahlen versprechen Sicherheit. Sie können einem das Gefühl geben, alles richtig zu machen und damit seine Macht zu erhalten. Deshalb möchte man viele Umfragen haben, praktisch jeden programmatischen Satz durch gute Zahlen absichern. So wird der Politiker, der eigentlich führen soll, zum Geführten. Die Zahlen sagen ihm, was er zu tun und zu lassen hat. Das Instrument der Umfragen gewinnt Macht über die Inhalte. Politik wird so, wie ein bei den Massen erfolgreiches Produkt zu sein hat: gefällig, unkompliziert, irgendwas im mittleren, wohltemperierten Bereich.

Ein zweites Beispiel für Rückkoppelungen ist der weit verbreitete Wunsch, alles in eine Marke zu verwandeln, denn eine Marke ist etwas, was Aufmerksamkeit erregt, Erinnerungen weckt. Wer das Wort Mercedes hört, hat sofort Bilder und ein Image im Kopf. Deshalb ist Mercedes eine

Spitzenmarke. Einer Marke werden die besten Chancen im harten Ringen um einen Platz in der Mediengesellschaft eingeräumt.

Deshalb fand es Bundestagspräsident Wolfgang Thierse passend, den Bundestag zur Marke zu machen, und gab drei jungen Kommunikationswissenschaftlern den Auftrag, eine Werbekampagne zu starten. «Der Vorarbeit nach», berichtet *Die Zeit*, «hätte die Kampagne genausogut für eine Auto- oder Eismarke sein können.» Wieder hatte sich die Politik eines Instruments der Wirtschaft bedient. Das ging schief, weil die Kampagne nicht gelang. Bedenklicher ist jedoch etwas anderes: Ist es richtig, den Deutschen Bundestag zu vermarkten wie Nike oder McDonald's? Wenn er eine Marke wird, ist er nicht mehr konkurrenzlos das hohe Haus der deutschen Politik, sondern ein Produkt von vielen anderen. Er verliert einen Teil seiner Würde, seiner Unterscheidbarkeit. Das Instrument Marke nivelliert das Ansehen des Bundestages und mindert damit eher die Aufmerksamkeit, als dass es sie mehrt.

Die Folgen der Marketingpolitik hat der amerikanische Journalist Joe Klein in seinem Buch «The Natural» beschrieben, das 2002 in den Vereinigten Staaten erschienen ist. Klein ist Autor des Magazins *New Yorker* und hat «Primary Colours» (deutsch: «Mit aller Macht») geschrieben, einen erfolgreichen Schlüsselroman über den Wahlkampf von Bill Clinton. «The Natural» ist ein Sachbuch über die Ära Clinton. Gegen Ende heißt es:

«Marketing has been the most insidious force in the shrinking of public life. The ubiquitous pollsters and advertising consultants who dominated late twentieth-century politics were thuddingly pragmatic. They asked people what they wanted. The answers were always predictable: better schools, better health care, safer streets – and lower taxes. And so, the politicians themselves became thuddingly pragmatic. They became followers, not leaders – the most slavish, craven sort of followers, trailing desperately after the whims and wisps of public opinion as discerned by their pollsters and media consultants. Their messages tend to congeal in the safest, most conservative precincts of the political middle, without any of the spontaneous brilliance and stray eccentricities and unplanned moments of courage that sparkle when a true leader is at work.»*

* Das Marketing war die hinterhältigste der Kräfte, die das öffentliche Leben haben zusammenschrumpfen lassen. Die allgegenwärtigen Meinungsforscher und Werbeberater, die die Politik im ausgehenden 20. Jahrhundert dominierten, waren dumpfe Pragmatiker. Sie fragten die Leute, was sie sich wünschten, und die Antworten waren immer vorhersehbar: bessere Schulen, bessere Gesundheitsvorsorge, mehr Sicherheit auf den Straßen und – weniger Steuern. Und so wurden die Politiker selbst zu dumpfen Pragmatikern. Sie wurden zu Gefolgsleuten statt zu Führern – zu einer besonders sklavischen und kleinmütigen Sorte von Gefolgsleuten, hilflos den Launen und Moden hinterherlaufend, die ihre Umfrager und Medienberater zur öffentlichen Meinung erklären. Ihre Botschaft hält sich in der Regel starr in den sichersten und konservativsten Sphären der politischen Mitte, ohne jene spontane Brillanz, Abschweifung ins Ungewöhnliche oder ungeplanten Momente der Courage, welche immer einmal aufscheinen, wenn ein wirklicher Führer am Werk ist.

Als ich Otto Schily für ein Porträt begleitete, waren wir unter anderem bei DaimlerChrysler in Kirchheim/Teck, wo am Brennstoffzellenauto gearbeitet wird. Schily wollte sich informieren, ob das Auto, das mit Wasserstoff angetrieben wird, eine Alternative zum herkömmlichen Auto mit Verbrennungsmotor sein kann. Auf meine Frage, warum sich ein Innenminister für dieses Thema interessiere, sagte er, es gebe dabei einen starken Sicherheitsaspekt. Seit dem 11. September 2001 müsse die westliche Welt wieder stärker nach einer Alternative zum Öl suchen, da die arabische Welt als Lieferant ausfallen könne, wenn es tatsächlich zu einem Kampf der Kulturen käme. Schily ließ sich von Jürgen Hubbert, dem Chef von Mercedes, ausführlich über die Brennstoffzelle unterrichten und drehte dann eine Runde in einem Kleintransporter, der mit Wasserstoff angetrieben wurde. Dazu hatte die Pressestelle von Mercedes Fotografen eingeladen. Nach der kleinen Rundfahrt ließ sich der Innenminister gerne so postieren, dass er mit dem Logo von Mercedes aufs Bild kam.

Am nächsten Tag war Schily in seiner Eigenschaft als Sportminister bei einem Fechtturnier in Tauberbischofsheim. Sponsor des Turniers war Mercedes. Man konnte den Eindruck haben, das Ereignis sei nichts anderes als eine Werbeveranstaltung von Mercedes. Der Stern prangte überall, ein Sportcoupé stand neben der Planche, auf der gefochten wurde. Es lief ein Film über Mercedes, es folgte eine Rede über Mercedes. Während des Finales saß Schily neben dem Repräsentanten von Mercedes, symbolischer

Händedruck, die Kameras klickten. Für 24 Stunden sah Schily aus wie der Mercedes-Minister der Bundesrepublik Deutschland.

Damit soll nicht gesagt sein, dass sich Otto Schily oder ein anderer Minister in den Dienst von Unternehmen stellen lässt. Gleichwohl stehen die 24 Sternstunden von Otto Schily für die Nähe von Politik und Wirtschaft. Sie ist wahrscheinlich nicht zu vermeiden und mitunter auch sinnvoll, aber sie trägt bei zur Dominanz des Ökonomischen über das Politische.

Politiker wollen den Managern nahe sein, weil es ihrem Image nützt. Politiker müssen den Managern nahe sein, weil sie extrem abhängig sind von deren Entscheidungen. Ein großer Konzern wie DaimlerChrysler hat die Kraft, die Politik freundlich zu erpressen. Da in den Zeiten der Massenarbeitslosigkeit jeder Job zählt, reicht die Drohung, Arbeitsplätze ins Ausland zu verlegen, um jeden Politiker gefügig zu machen. Insofern ist eine gewisse Höhe der Arbeitslosenquote günstig für Unternehmen. Zum einen können sie ihre Belegschaften unter Druck halten, in Fragen von Lohnhöhe und Arbeitszeiten, zum anderen gibt ihnen die monatliche Horrorzahl aus Nürnberg, wo die Bundesanstalt für Arbeit sitzt, Macht über die Politik. Sie zwingt Politiker, die Gedanken von Managern zu denken. Deshalb reden bei Verhandlungen zwischen Politik und Unternehmen Manager mit Managern, egal ob Sozialdemokraten regieren oder Konservative.

Der andere Grund für die gewachsene Macht der Wirtschaft über die Politik ist die Globalisierung. Die Globalisierung stärkt die Macht der großen Unternehmen, weil sie durch internationale Zukäufe sehr schnell wachsen können. Sie stärkt ihre Macht auch, weil sie Arbeitsplätze, Kapital oder Steuerfälligkeiten innerhalb eines Konzerns leicht verschieben können und deshalb das Erpressungspotenzial gegenüber der Politik wächst.

Der Kern der Globalisierung ist Beweglichkeit, Flexibilität. Nahezu alles kann an jedem Ort der Welt stattfinden. Dadurch steht jeder mit jedem in Wettbewerb, der Arbeiter in Ludwigsfelde mit dem Arbeiter in Bratislava, der Programmierer in München mit dem Programmierer in Bangalore, der Apotheker in Hamburg mit der Internet-Apotheke in Sydney. Je stärker der Wettbewerb ist, desto größer ist der Druck auf den Preis. Das ist gut für den Konsumenten, und man könnte die neue Beweglichkeit uneingeschränkt als Vorteil ansehen, wenn man Konsum zu günstigen Preisen für das Wesentliche in der Welt halten würde.

Der verschärfte Wettbewerb stellt mit erhöhtem Druck alles infrage, was in den Preis einfließt: Löhne, Sicherheitsstandards, Umweltauflagen, Sozialleistungen. Vor allem, wenn es um einfache Industrieprodukte geht, ist immer das Land im Vorteil, in dem all das auf niedrigem Niveau liegt. Dort entstehen die neuen Arbeitsplätze. Oder die Unternehmen in den teuren Ländern fordern ihre heimischen Politiker auf, alle Standards und Leistungen zu senken. Um nicht als Befehlsempfänger der Unternehmen dazustehen, müssen sich die Politiker die Positionen der Manager zu Eigen machen, möglichst vorab. So dient die Selbstökonomisierung auch dazu, wenigstens den Anschein von Macht zu erwecken. Wer als Manager Politik macht, triumphiert mit, wenn die Manager triumphieren.

Es ist auch dieser Kniefall der Politiker vor der Wirtschaft, der junge Menschen in aller Welt aufbringt und zum Protest treibt. Die Gegner der Globalisierung glauben nicht, dass die Politiker ihre Interessen gegenüber den Unternehmen vertreten können oder wollen. Deshalb vertreten sie ihre Interessen selbst, leider regelmäßig gewalttätig, weshalb die Bewegung in Verruf gekommen ist. Das ist bedauerlich, denn in Demokratien sind Oppositionen lebenswichtig, und die Globalisierungsgegner sind so ziemlich die einzige Opposition gegen eine Globalisierung allein zugunsten von Unternehmen. Ihre Bewegung ist eine Folge der McKinsey-Politik.

McKinsey-Biologie:
Die Arbeit am Hochleistungsmenschen

In einem Interview mit der *Welt am Sonntag* sagte Jürgen Kluge, der Chef von McKinsey Deutschland, auf die Frage, wo das Bildungssystem ansetzen soll: «Am besten schon im Kindergarten. Viele Studien belegen, dass Kinder im Alter zwischen drei und vier Jahren die Basis ihres Wissens und ihres geistigen Vermögens anlegen. Soll heißen: Wir alle haben, genetisch bedingt, einen Chip im Kopf. Aber wie schnell der läuft, ist eine Frage der Programmierung. Je mehr sie Kinder anregen, durch Musik, Sprache oder mathematische Aufgaben ihre Kapazität zu nutzen, desto mehr verdrahtet sich ihr Gehirn und der Computer wird leistungsfähiger.»

Eine Aussage, die zweierlei verrät: erstens den Anspruch von McKinsey, überall mitreden, alles mitgestalten zu wollen, selbst die Erziehung der Kinder; zweitens die Sicht von McKinsey auf den Menschen. Kluge verwendet Worte, mit denen man eine Maschine beschreibt: Chip, Programmierung, Kapazität, verdrahtet, Computer. Das ist kein Zufall, denn McKinsey sieht in Menschen vor allem Maschinen. Was nicht heißt, dass sie tumbe Roboter sein sollen, eigener Ideen nicht fähig. Nein, sie sollen intelligente, findungsreiche Maschinen sein. Das Maschinelle liegt in der Unermüdlichkeit, in der schonungslosen Sturheit, in der perfekten Mechanik, der totalen Effizienz, mit der Höchstleistungen erbracht werden sollen.

In diese Richtung verschiebt sich das Menschenbild insgesamt. Seitdem das menschliche Genom entschlüsselt ist, eröffnet sich in nicht allzu ferner Zukunft die Möglichkeit, den Menschen zur Maschine umzubauen und damit Ausbildung und Training zu ergänzen oder zu ersetzen. Nichts fördert die Idee vom Hochleistungsmenschen so wie die Aussichten der Biotechnik, und deshalb ist der McKinsey-Mensch dieses Kapitels ein Genforscher.

Der McKinsey-Biologe

Erst sieht es aus, als kennten sich die beiden Männer nicht. Der eine, mittleren Alters, geht die Treppe hinauf, der andere, im Rentenalter, kommt die Treppe herunter. Universität Hamburg, Hauptgebäude, ein Montagabend. Der jüngere Mann ist André Rosenthal, einer der erfolgreichsten Genomforscher Deutschlands. Er ist auf dem Weg zu einem Hörsaal, wo er gleich einen Vortrag halten wird: «Die Entschlüsselung des menschlichen Genoms: Segen oder Fluch?» Der ältere Mann, der Rosenthal auf der Treppe entgegenkommt, trägt eine grüne Baseballkappe. Sie sind nur noch zwei Stufen auseinander, und noch immer erwecken sie den Eindruck, achtlos aneinander vorbeigehen zu wollen. Dann bleibt Rosenthal stehen, schaut den alten Mann an und lächelt, ein bisschen scheu. Der andere grinst. «Ich bin sein Vater», sagt er, und nahtlos folgt der Satz: «Ich bin an allem schuld.»

Ein Satz mit vielen Bedeutungen. Zum einen und vor allem ist es der ironisch verkleidete Stolz auf den Sohn, der den größten deutschen Beitrag zur Entschlüsselung des humanen Genoms geleistet hat und sich nun anschickt, die Ergebnisse für neue Krebstherapien nutzbar zu machen. Zum anderen ist es eine Anspielung auf die Ängste, die ein Mann wie André Rosenthal auslöst. Es ist die Arbeit der Genforscher, die ständig neue ethische Fragen aufwirft und die Politik vor sich hertreibt. Und es gibt eine dritte Bedeutung, die im Satz des Vaters mitschwingt. Was macht einen André Rosenthal zu dem, was er ist? Wo kommt er her, was treibt ihn an, wer hat «Schuld» an dem, was er tut? Dahinter steckt die wichtigste aller Fragen: Könnte man ihn und die anderen Genforscher stoppen, könnte man den Fortschritt in der Biotechnik aufhalten, falls sich die Gesellschaft für ein anderes Menschenbild entscheidet?

André Rosenthal ist mittelgroß, seine Haare sind dunkel, er hat eine leise, langsame Art, sich zu bewegen. Seine Stimme ist weich wie die eines Kindes. Er redet nicht schnell, aber viel. Das Wort, das er am häufigsten benutzt, heißt «kompetitiv».

Als Rosenthal Ende der neunziger Jahre an der Universität Jena damit beschäftigt war, das humane Genom zu entschlüsseln, fühlte er sich «intellektuell nicht herausgefordert». Den Bauplan des Menschen lesbar zu machen war für ihn zur Routine geworden. Er hatte ein Angebot des Pharmakonzerns Schering. Sie wollten ihm Geld geben, er könne damit machen, was er wolle. Rosenthal dachte sofort an Krebs, eine der größten Geißeln der Menschheit. Er sagt, es gebe «eine ungeheure Notwendigkeit für die Entwicklung neuer Medikamente, die Patienten sterben weg». Er sagt auch, dass ein erfolgreiches Medikament, «ein Blockbuster, zwischen einer und vier Milliarden Mark Umsatz erzielen» könne. Auf die Frage, ob ihm Geld viel bedeute, antwortete er mit nein. Er wolle nicht verhungern, das sei alles. Gleichwohl erwähnt er die Milliarden wiederholt. Aber er wirkt nicht gierig dabei. Sein Büro ist schlicht, ein Bild, ein Stoffäffchen, eine Topfpflanze, mehr Schmuck gibt es nicht. Rosenthal trägt Jeans, sein Auto ist Mittelklasse. Mehr als realer Konsum scheint ihn die schiere Größe der Zahlen zu reizen. Er will einer sein, der irgendwann Milliarden bewegt. Als ein Mann, der sich großes Denken verordnet hat, interessieren ihn nur die großen Summen.

Als Rosenthal klar war, dass er die Genom-Daten nutzen wollte, um Medikamente gegen Krebstumoren zu entwickeln, begann er eine zweite Überlegung: «Was haben meine Kollegen übersehen, was unterscheidet mich von tausend anderen Forschern?» Er findet, dass ihn sehr viel unterscheidet, er findet, dass er einer der Besten ist. Von diesem Punkt aus denkt Rosenthal, und deshalb denkt er immer, dass er etwas tun kann, tun muss, was noch niemand getan hat.

Schering gründete 1997 in Berlin die Firma Metagen, machte Rosenthal zum Geschäftsführer, und er lässt seitdem in Krankenhäusern Krebstumoren sammeln und einfrieren. Seine Leute trennen das Bindegewebe mit Lasern ab und kleben die reinen Tumorzellen auf einen Chip. In einem Scanner wird untersucht, welche Gene in einem Tumor besonders aktiv sind. Diese Gene sollen dann von neuen Medikamenten beruhigt werden, damit der Tumor nicht mehr wächst. Rosenthal weiß, welche Hoffnungen jeder Satz von ihm wecken kann. Er will nichts versprechen, aber er muss viel versprechen, um seine Geldgeber bei Laune zu halten. Spätestens 2010, sagt er, sollen die neuen Medikamente verfügbar sein und die Heilchancen von Krebs stark verbessern.

Schering hat er davon überzeugt, eine Risikokapitalfirma an Metagen zu beteiligen. Der Pharmakonzern (Umsatz rund 4,5 Milliarden Euro) ist ihm zu klein geworden für seine Pläne, zähle nicht einmal zu den zehn größten der Welt. Im Internet hat Rosenthal sehen müssen, dass eine amerikanische Firma das Gleiche tut wie Metagen. Das störe ihn nicht, sagt er. Im Gegenteil, er sehe seine Idee bestätigt. Nun müsse seine Firma zeigen, wie «kompetitiv» sie sei. Rosenthal mag Wettläufe. Sein Leben ist eine Geschichte von Wettläufen.

Geboren in Bad Saarow, aufgewachsen in Ost-Berlin, der Vater ein Virologe, der sich vor allem mit Vererbung befasst, die Mutter eine Medizinerin, die als «Mutter der Genforschung» in der DDR gilt. Es gibt keinen Fernseher zu Hause, stattdessen ausführliche Tischgespräche, Musik, Literatur, Genetik. Der junge Rosenthal ist eigenwillig, unermüdlich. «Ich habe mich in viele Sachen verbissen, manche machen ja ab einer bestimmten Ebene Schluss, ich nicht.» Er ist ein sehr guter Schüler, ein sehr guter Torwart, ein schlechter Klavierspieler. Von seinem Vater, Hans-Alfred Rosenthal, ist zu erfahren, dass sein Sohn zwei Goldmedaillen für herausragende Leistungen in der Schule bekommen hat, später eine Urkunde vom Minister. Er sagt das mit dem Stolz eines Vaters.

«Finden Sie, dass er mir ähnlich sieht?», fragt Hans-Alfred Rosenthal.

Er sagt, dass er «nicht so zurückhaltend damit war, seinen beiden Söhnen die Hosen strammzuziehen». Und man kann sich gut vorstellen, wie streng er seine Jungs bewertet hat, weil er es immer noch tut. «Andrés Klavierspiel ist völlig unausgereift, völlig ungenügend.» Seinen älteren Sohn erwähnt er nur kurz. Er ist Bauklempner.

Seine Eltern, sagt André Rosenthal, hätten ihn sehr gefordert, «und ich habe mich dem nicht entzogen». Die Messlatte sei immer höher gelegt worden, es war sein erster Wettbewerb. «Ich wollte zeigen, dass ich das auch kann, ich habe stark mit ihnen kompetiert.»

Er studiert Chemie, weil er nicht das Gleiche machen will wie die Eltern. «Ich wusste bald, dass ich besser war als meine Professoren. Vor allem fehlte ihnen die internationale Orientierung. Wenn die mir gesagt hätten, was ich zu tun hätte, hätte ich das witzig gefunden.» So arbeitet er sich vor, ehrgeizig, extrem leistungswillig, von hoher persönlicher Effizienz.

Schließlich macht er doch das Gleiche wie seine Mutter, wird Genforscher. Da weiß er längst, dass die DDR zu klein ist für einen wie ihn, der keine Grenzen akzeptieren will. Nicht einmal die Mauer kann ihn aufhalten. Er will «weltweit publizieren», er schickt einen wissenschaftlichen Artikel ohne Genehmigung ins westliche Ausland. Er erfindet eine schnellere Methode, DNS zu sequenzieren, und verkauft die Lizenz nach England.

Ende der achtziger Jahre sind in aller Welt Wissenschaftler damit befasst, Krankheitsgene zu finden und zu entschlüsseln. Nur die Ersten bei diesen Jagden kommen zu Ruhm. Rosenthal jagt mit, will das Gen für Duchenne-Muskeldystrophie sequenzieren. Aber seine Gegner in Harvard sind schneller. «Wir haben das um ein paar Wochen verpasst», sagt er, «das wäre ein Knüller gewesen.» Wie soll er auch siegen können, wenn es ständig an Materialien mangelt? Er muss raus aus der DDR und bekommt 1989 die Erlaubnis, für drei Jahre nach Großbritannien zu gehen, an die Universität von Cambridge. Dort entscheidet er sich, nicht zurückzukehren. Aber bevor er das verkünden kann, löst sich die DDR auf. In Cambridge hat er alles, was er braucht, um das zu werden, was er von sich erwartet: ein Sieger. Er beginnt die Jagd nach dem Gen, das den erblichen Wasserkopf auslöst. Er lächelt fein und sagt: «1991 ist es mir geglückt, dieses Gen als Erster zu entdecken und zu entschlüsseln.» Seine Konkurrenten habe das irre geärgert.

1993 wird er Professor in Jena und baut dort eine Abteilung für Genom-Forschung auf. Ein paar Jahre später tritt er mit 80 Leuten an, seinen Beitrag zur Entschlüsselung der DNS zu leisten. Zunächst sind 20 akademische Institute in aller Welt daran beteiligt. Sie teilen die 22 Chromosomen und die zwei Geschlechtschromosomen der DNS untereinander auf. Rosenthal übernimmt die Chromosomen 21 und 8. Nun beginnen gleich mehrere Wettläufe. Rosenthal konkurriert gegen alle anderen Institute, weil es darum geht, wer sein Chromosom am schnellsten vorstellen kann. Er konkurriert besonders gegen die Japaner und ein Berliner Institut, die ebenfalls am Chromosom 21 arbeiten. Von 1999 an verschmelzen diese Wettläufe mit einem weiteren.

Der kommerziell orientierte Genom-Forscher Craig Venter findet ein Verfahren, mit dem er die DNS besonders schnell entschlüsseln kann. Er rast los, um den Ruhm des Siegers einzuheimsen, vor allem aber wegen der Milliarden, die mit den Genomdaten zu verdienen sind. Die anderen rasen hinterher. Das Geheimnis des Menschen wird entschlüsselt, etwas Großes, Wundersames, Gefährliches geschieht, eine Revolution in der Menschheitsgeschichte, und es dominieren Ruhmsucht, Habgier. Nachdenklichkeit ist in dieser Phase ausgeschaltet, es geht um Effizienz, um Geschwindigkeit.

Intellektuell gelangweilt, ist Rosenthal ansonsten äußerst angespannt. Er schläft kaum noch, er treibt sich und andere zu größter Eile an, guckt ständig im Internet: Wo stehen wir, wo stehen die Kollegen? Er ist Jäger und Gejagter. Zum Drama wird die Jagd in den Tagen und Nächten, bevor das Chromosom 21 vorgestellt werden soll. Rosenthal sitzt am Laptop und schreibt den Bericht mit den Ergebnissen. Er hat den Eindruck, dass die Japaner einen Teil ihrer Daten zurückhalten, um sich einen Vorsprung zu verschaffen. Dann kriegt er Streit mit einer Kollegin des Berliner Instituts. Es geht, deutet er an, um Autorenschaft. Wer tritt wie deutlich im Abschlussbericht auf? An wen wird sich die Nachwelt erinnern? Rosenthal sei mit größter Rücksichtslosigkeit vorgegangen, werfen ihm die Kollegen des Berliner Instituts vor, habe seinen Anteil an der Arbeit übertrieben dargestellt. Im Schlussspurt eskaliert der Streit. Im Licht der Schreibtischlampe sitzt Rosenthal und tippt und tippt. Er ist todmüde, aber er will diesen Platz niemandem überlassen. Wer schreibt, hat die letzte Entscheidung über die Inhalte des Berichts. Es wird geschrien, geweint. Die Stunden, bevor die Menschheit von einem großen Schritt erfährt, verrauschen in einem Tumult der Kleinlichkeit.

«Das Chromosom 21 ist das mit der höchsten Genauigkeit sequenzierte Chromosom», sagt Rosenthal. Er war als Zweiter fertig, sein Institut hat insgesamt den neuntgrößten Anteil an der Entschlüsselung des Humangenoms geleistet. Er ist mit solchen Ranglisten schnell zur Hand, wie ein Athlet, der seine Leistungskraft dokumentieren will.

Rosenthal bleibt stets ausdruckslos, wenn er erzählt. Es gibt eine Kluft zwischen dem, was er sagt, und wie er es sagt. Zum Beispiel sagt er: «Ich gehöre zu dem Dutzend Leute, die das Genom entschlüsselt haben, darauf bin ich stolz.» Aber er wirkt nicht stolz, er ist ein Meister darin, sich beiläufig bedeutungsvoll zu präsentieren. Er braucht keine Fragen, er erzählt immer weiter, und er weiß, welche Fragen sich stellen. «Die Wissenschaft ist ein über mehrere Jahrzehnte dauernder Marathonlauf», sagt er, «oft kompetieren viele Forscher, und nur wenige schaffen es, nur wenige haben einen Return. Tausende von Wissenschaftlern werden verbraucht. Das ist eine knallharte Selektion.» Viele forschten zehn und mehr Jahre an einem Problem, und dann komme ein anderer und veröffentliche als Erster. «Da werden mitunter ganze Karrieren zerstört.» Die Veröffentlichung in einer angesehenen Zeitschrift wie *Nature* bedeutet alles, und veröffentlicht wird nur das Neue.

«Hätte ich irgendwann einhalten sollen?», fragt er unvermittelt. «Was hätte ein Moratorium gebracht?» Er überlegt einen Moment. «Dann hätten andere das Genom entschlüsselt.» Öffentlichkeit ist gerade für Forscher die größte Belohnung. Eben weil sie über Jahre in der geschlossenen Laborwelt hocken, tun sie viel, manche vielleicht alles, um eines Tages ans Licht der Öffentlichkeit treten zu können. Auch Goethes Faust wollte raus aus der beengten Welt der Wissenschaft, hinein ins Leben, auf der Jagd nach neuen Erkenntnissen. Dafür schloss er einen Pakt mit dem Teufel. Hat Rosenthal den «Faust» gelesen? «Ja», sagt er, «aber ich habe keinen Pakt mit dem Teufel geschlossen.» Gleichwohl hat er manchmal schlaflose Nächte. Dann grübelt er, was wohl seine Kinder und Enkel eines Tages über ihn sagen werden. Sie wissen dann schon mehr über die Folgen der Genforschung, womöglich katastrophale Folgen, und ihr Vorfahr war einer des Dutzends, das die Grundlagen für das alles geschaffen hat. Werden sie sich seiner schämen? Rosenthal sieht die Gefahren: Gentherapien nur für Reiche, Manipulationen in der Keimbahn, um besonders schönen, starken, intelligenten Nachwuchs zu züchten – das, sagt er, sei auch für ihn ein Horror. Aber er macht weiter. Er sagt, dass sich die Gefahren eingrenzen lassen.

Als André Rosenthal über sein Studium spricht, fällt der Satz: «Im Grunde konnte mich niemand stoppen.» Das gilt immer noch. Es gibt einen Nationalen Ethikrat, es gibt politische Debatten, und es gibt den Marathon-Mann André Rosenthal, der einst zu Hause einen Startschuss hörte. Seitdem rennt er und rennt. Niemand kann ihn stoppen. Da können Politiker noch so bekümmert mit schwarzen Fähnchen winken, das Rennen geht weiter, wenn nicht in Deutschland, dann anderswo. «Wissen Sie», sagt sein Vater, «Forschung auf diesem Niveau, das ist wie ein Wurm, der immer weiterfrisst. Da geht es um Ehrgeiz, um eine Art Selbstbefriedigung. Er wird gar nicht aufhören können.»

André Rosenthal erfüllt perfekt alle Anforderungen, die McKinsey an einen Menschen stellt. Er ist ehrgeizig, innovativ, effizient, leistungsstark, ein Athlet des Geistes. Und er hat sich vom Forscher in einen forschenden Manager verwandelt, das Universitätslabor gegen ein Unternehmen getauscht. Damit unterstellt er die Biotechnik den Gesetzen des Marktes. Vorbild dafür ist Craig Venter, der aus dem reinen Forschungsbetrieb ausstieg, weil ihn die Milliarden lockten. Als er sah, dass er das Genom effizienter und damit schneller entschlüsseln konnte als andere, gründete er die Firma Celera. Bald war er steinreich, nicht weil seine Firma Gewinn abwarf, sondern weil der Wert seiner Aktien an Celera ständig stieg. Die Hoffnung der Börse richtete sich auf Patente am Genom. Wer ein Teil der DNA als Erster entschlüsselt hatte, konnte ein Patent darauf anmelden und die Gen-Informationen weiter verkaufen. Dieses Patent konnte Milliarden wert sein, wenn sich die entsprechenden Daten für die Entwicklung eines erfolgreichen Medikaments eignen.

Die Euphorie der Gründerzeit in der Genforschung ist zwar verflogen, der Aktienwert von Celera gesunken, Craig Venter als Manager gescheitert und entmachtet. Aber es gilt weiterhin: Über die biologische Zukunft des Menschen wird nach den Maßstäben von McKinsey entschieden. Kein anderer Zweig der Wissenschaft ist so ökonomisiert wie mittlerweile die Biotechnik, die Genforschung. Die Arbeit an den Grundlagen des Menschen unterstehen der Nervosität der Börsen, der Ruhm- und Gewinnsucht der Forscher. Hier winkt das meiste Geld, hier winken Arbeitsplätze. Deshalb muss die Politik als Kontrolleur versagen, ethische Argumente werden von ökonomischen verdrängt. Politiker, die wie Manager denken, kontrollieren Forscher, die wie Manager denken. Da können die Unterschiede so groß nicht sein. Das erste Beispiel für diesen Gleichklang ist in Deutschland die Debatte um die Stammzellenforschung, also um die Frage, ob Wissenschaftler mit den Stammzellen überzähliger Embryonen arbeiten dürfen. Sie wurde, wenn auch unter großen Bedenken und Auflagen, mit ja beantwortet, weil die Politiker auf Arbeitsplätze hoffen. So wird es weitergehen. Bei jedem nächsten Schritt wird das Argument wieder auftauchen und wieder erfolgreich sein. Den Standard werden dabei Gesellschaften setzen, die ein ganz anderes Menschenbild haben als wir, asiatische Gesellschaften, China zum Beispiel, das sich nicht scheut, die Organe von hingerichteten Verbrechern für Forschungszwecke zu verwenden. China oder auch Singapur werden die Genforschung bedenkenlos vorantreiben und sich damit einen Vorteil im Wettbewerb um ökonomische Zukunftschancen verschaffen. Es ist wohl keine gewagte Prognose, dass unsere Gesellschaften bald nachziehen und ihre Standards senken werden.

Sogar eine Embryonenindustrie wird langsam denkbar. Die Stammzellen im Embryonengewebe sind besonders geeignet zur Züchtung von Ersatzorganen und deshalb begehrt. Es gibt schon Unternehmen, die sich darauf vorbereiten, Embryonen im großen Stil zu züchten und zu vertreiben. Die *Frankfurter Allgemeine Zeitung* schrieb in einem Bericht: «Saudi-Arabien hat jüngst den Einstieg in die Embryonenforschung damit begründet, die Gewebezucht könne eines Tages das Öl als Wirtschaftsfaktor Nummer eins ablösen.»

Niemand kann sie stoppen. Irgendwann werden sich Wissenschaftler, die weniger Skrupel haben als Rosenthal, Ruhm oder Geld davon versprechen, als Erste Manipulationen an der Keimbahn vorzunehmen. Ein Wettlauf wird beginnen, und eines Tages präsentiert der Sieger sein Ergebnis. Dann ist die Menschenzüchtung in der Welt, und nichts wird sie verschwinden lassen.

Es kann keinen Zweifel daran geben, welcher Mensch gezüchtet wird, wenn die Möglichkeiten dafür vorhanden sind: Der McKinsey-Mensch wird es sein. Hochleistungsmenschen wie Wilhelm Rall oder George Kerschbaumer, kleine Wunder an Effizienz und Leistungsfähigkeit, Menschen, die nicht aussortiert werden, wenn McKinsey ein Unternehmen durchforstet.

Es ist ja der Sinn der Biotechnik, Schwächen des Menschen auszumerzen. Es beginnt mit den Krankheiten. Wer wollte einen André Rosenthal stoppen, solange er uns die Hoffnung gibt, dass Krebs weit besser heilbar wird als heute? Die ganze seriöse Genforschung läuft derzeit unter der Rubrik: Kampf gegen die Krankheiten. Aber das Wissen, das dabei gesammelt wird, könnte auch helfen, den Menschen schöner, stärker, klüger, effizienter zu machen.

Bislang ist der Mensch ein Zufallsprodukt. Er kann gut geraten oder schlecht. Er ist ein Geschöpf des Schicksals.

Das soll nicht so bleiben. Der Zufall des menschlichen Werdens ist langfristig im Visier der Biotechnik, die damit einen Grundsatz von McKinsey beherzigt: Zufallsvernichtung. Die offenen Fragen sollen gelöscht werden, die Ungewissheit, die Angst. Tatsächlich ist die Geburt eines Kindes immer auch ein Moment der Angst. Man weiß nicht, wer da kommt. Gesund oder krank? Nicht behindert oder behindert? Schön oder hässlich? Stark oder schwach? Wer würde sich, könnte er wählen, für krank, behindert, hässlich und schwach entscheiden?

Über die Folgen der Biotechnik habe ich im Frühjahr 2002 mit Francis Fukuyama geredet. Er ist Professor an der Johns Hopkins Universität in Washington und wurde bekannt durch sein Buch «Das Ende der Geschichte». Darin vertritt er die These, größere Umwälzungen werde es nicht mehr geben, weil sich nach dem Zusammenbruch der sozialistischen Staaten 1989 die liberale Demokratie für alle Zeiten durchgesetzt habe. In seinem Buch «Das Ende des Menschen», das im Mai 2002 in Deutschland erschien, nimmt er diese These zum Teil zurück. Die Biotechnik, behauptet Fukuyama nun, beschere der Menschheit doch noch große Umwälzungen. Ich traf ihn in seinem Büro an der Universität. Er ist ein freundlicher, umgänglicher Mann, in Chicago geboren, Nachkomme japanischer Einwanderer.

Fukuyama ist nicht grundsätzlich gegen biotechnische Neuerungen. Er unterscheidet zwischen Therapie und Verbesserung. Wenn es gelingen könnte, Krankheiten wie Krebs oder Parkinson mittels gentechnischer Therapien zu beseitigen, so findet dies Fukuyamas Zustimmung. Was ihm nicht gefällt, ist die Aussicht, Menschen in Intelligenzbestien oder Hochleistungsathleten zu verwandeln. Er nennt einen Faktor X, der dafür stehe, was den Menschen ausmacht, was ihn vom Tier unterscheidet und ihm Würde gibt, menschliche Würde. Dieser Faktor X kommt bei McKinsey nicht vor. Denn zum Faktor X gehört das Scheitern, das Unvollkommene, das Hässliche, das Umständliche. Menschenwürde, sagte Fukuyama, sei eben gerade die Möglichkeit, Defizite aushalten zu können. Die besten Seiten des Menschen zeigten sich oft darin, wie er mit den schlechteren Teilen seiner Existenz umgehe.

Fukuyamas Überlegungen gehen aus von dem Roman «Schöne neue Welt», den Aldous Huxley 1932 geschrieben hat. Er schildert eine ungeheuer effiziente Welt, in der den Menschen genau solche Eigenschaften angezüchtet werden, die sie für ihren Job brauchen. Wer am Fließband ständig die gleichen Handgriffe ausführt, für den ist Intelligenz nach den Maßstäben seines Arbeitgebers eher hinderlich. Sich Gedanken zu machen über seine Arbeit, unglücklich zu werden ob der Eintönigkeit und Unterforderung lenkt ab und mindert die Arbeitskraft. Insofern ist die «schöne neue Welt» auch eine McKinsey-Welt: Jeder Mensch ist seiner Aufgabe gemäß optimiert und zudem so konditioniert, dass er außer im Sex vor allem im Konsum sein Glück sieht. Und sollte doch mal jemand unglücklich werden, dann schluckt er schnell eine der stets verfügbaren «Soma»-Pillen, und schon lebt er wieder fröhlich-aufgekratzt dahin. Gleichwohl kommt bei niemandem, der Huxleys berühmte Utopie liest, der Wunsch auf, in dieser Welt zu leben. Es ist ja gerade die Abwesenheit von Unglück, Tragik und schlechter Laune, die einem die schöne neue Welt als nicht lebenswert vorkommen lässt. Die Sympathien des Lesers liegen bei den Außenseitern des Romans, Sigmund und dem Wilden, die nach den Maßstäben des Systems fehlgesteuert sind, die nicht funktionieren, die nicht hundertprozentig effizient sind, weil sie grübeln, zweifeln, leiden. Nur sie nehmen wir als vollständige Menschen wahr, nur sie tragen den Faktor X, den Francis Fukuyama meint. In unserem Gespräch nannte er gerade den Schmerz als einen Zustand des Menschlichen. Schmerz sei ein Gefühl, das wir auf einer Liste dessen, was wir abschaffen möchten, wahrscheinlich weit oben platzieren würden, vor allem in den Momenten, wenn wir ihn erleiden. Gleichzeitig jedoch sei der Schmerz nützlich, weil er uns warnt, zum Beispiel davor, eine Hand auf eine heiße Herdplatte zu legen. Und der Schmerz, den andere erleiden, bringe einige der besten Eigenschaften des Menschen hervor: Mitleid, Mitgefühl.

In seinem Buch «Das Ende des Menschen» stellt Fukuyama besonders heraus, dass das Böse und das Gute oft vereint, untrennbar miteinander verbunden sind. Deshalb würde, wer mittels gentechnischer Manipulationen bestimmte Eigenschaften abschafft, die als böse angesehen werden, in den meisten Fällen auch etwas Gutes abschaffen. Auch deshalb warnt Fukuyama davor, die Gentechnik dem Markt zu überlassen. Nach den Gesetzen des Marktes entsteht, was sich verkaufen lässt. Was den Menschen schöner, klüger macht, was Probleme reduziert oder ausschaltet, lässt sich aller Erfahrung nach besonders gut verkaufen. Denkt man das zu Ende, entsteht eine Welt, die von jener, die sich Aldous Huxley 1932 ausgedacht hat, nicht so weit entfernt ist.

Es ist hier nicht der Platz, die Argumente für und wider die Genforschung und -manipulation ausführlich zu erörtern. Für die These dieses Buches ist vor allem wichtig, dass die Debatte darüber auf lange Sicht fruchtlos bleiben wird. Die Arbeit am Genom folgt nicht ethischen, sondern ökonomischen Prinzipien. Was technisch machbar ist, wird gemacht werden, solange es Profit und Ruhm verspricht. Man kann die Entwicklung vielleicht zunächst begrenzen oder verzögern, nicht aber verhindern.

Da hilft nicht einmal ein Konsens der Ablehnung, wie in der Frage, ob man Menschen klonen darf. Noch sind so ziemlich alle seriösen Wissenschaftler und Politiker dagegen. Aber den italienischen Arzt Severino Antinori, der sich vom Klonen Reichtum und Ruhm verspricht, kümmert das nicht. Er arbeitet schon daran, auch wenn beim Klonen, nach aktuellem Stand der Wissenschaft, Hunderte von Monster-Embryonen entstehen, verkrüppelt, unvollständig, nicht lebensfähig, bis eine perfekte Kopie gelingt. Der Arzt Antinori, genauso die Klonspezialisten der nordamerikanischen Rael-Sekte, gelten als Verbrecher an der Menschenwürde, sie gelten als Freaks, Outlaws, Spinner. Zu Recht, aber man könnte auch sagen, dass sie die Möglichkeiten einer McKinsey-Biologie nur besonders konsequent nutzen, also nicht außerhalb des Systems stehen, sondern in der Mitte.

Die Kernfrage lautet also: Welches Menschenbild haben

wir eigentlich? Es hat wohl nie eine größere Diskrepanz gegeben zwischen dem Menschen, wie er ist, und dem Menschen, wie er sein möchte, als derzeit. Wir leben mit einem Bild im Kopf, das aus Hollywood kommt, wenn es um Schönheit geht, und mit einem Bild, das von McKinsey kommt, wenn es um Leistungsfähigkeit geht. Dieses Bild quält und bedrängt uns, weil wir nicht aussehen wie Nicole Kidman oder Brad Pitt und nicht Leistung bringen wie Wilhelm Rall oder George Kerschbaumer. Es ist daher unser Bestreben, uns diesem Bild anzunähern, uns in dieses Bild zu verwandeln. Es ist ein Wunsch nach Perfektion. Dabei gehen wir mit uns selbst um wie die Berater von McKinsey mit einem Unternehmen. Wir schauen uns eine Weile zu, im Spiegel vor allem, machen das Benchmarking, gucken also: wer ist der Beste, der Schönste, vergleichen uns damit, vergleichen das Tatsächliche mit dem Möglichen und arbeiten ein Programm aus, uns zu verbessern, Nischen zu kehren, Zufälle zu eliminieren.

Sie beginnt ihren Tag mit einer halben Stunde im Wald, Stretchen, dann Running, mit Endspurt. Sie kommt nach Hause, steigt auf die Waage, ist nicht zufrieden. Ihr Frühstück ist mit einer kleinen Waage abgewogen, am Kühlschrank hängt eine Kalorientabelle. Sie isst langsam, bedächtig, kaut gut. Sie ist nicht satt, als sie aufsteht, ein Gefühl, das sie kennt, das sie im Moment zufrieden macht. Aber insgesamt ist ihre Laune nicht so gut. Es wird ein schwerer Tag im Büro, sie weiß nicht, ob sie das schafft. Also Prozac. Sie hat immer was da. Es macht sie zuversichtlicher, gibt ihr Mut für den Tag. Du schaffst das schon.

In der S-Bahn sieht sie vor allem die Dicken, die kommen schnaufend rein, sitzen breit da wie Fässer, hässlich, unangenehm, riechen wahrscheinlich nicht gut. Der Mann da in der Ecke geht gerade so, könnte ganz hübsch sein, wenn er nicht fünf Kilo zu viel hätte. Fünf Kilo sind in drei Wochen zu schaffen. Ein Doppelkinn hätte er trotzdem, aber da gibt's ja noch andere Möglichkeiten. Dass die Leute sich nicht um sich kümmern. In zwei Wochen hat sie wieder einen Termin. Das Fett an den Oberschenkeln geht einfach nicht weg, da kann sie machen, was sie will, fasten, laufen, Muskelmaschinen, keine Chance. Aber der Chirurg ist gut. Sie war inzwischen viermal da, immer erstklassige Arbeit. Der Frau, die jetzt zugestiegen ist, könnte sie mal die Telefonnummer zustecken, damit sie nicht flach wie so 'n Brett rumlaufen muss, ist ja erbärmlich. Im Fahrstuhl, auf dem Weg ins Büro, sieht sie gleich die Neue, da fängt der Tag ja gut an. Warum sie jetzt diese jungen Hühner einstellen, will ihr nicht in den Kopf. Die können doch nichts, keine Erfahrung und eine Einstellung, so was von verwöhnt. Aber immer 'n kurzen Rock und Bauch frei. Na, lange kann die sich das auch nicht leisten, die wird mal fett, das sieht man schon. Dann die Stunden bis zum Mittagessen, Scheiß-Hunger. Sie denkt nur ans Essen, geht als Erste in die Kantine, holt sich einen Salat mit Putenbruststreifen. Die Neue isst Schnitzel mit Kartoffelsalat, wird schon sehen, was sie davon hat. Am Nachmittag feiert mal wieder jemand Geburtstag, natürlich mit einem Blech Bienenstich. Sie wird erst gar nicht hingehen, hat ohnehin so viel zu tun. Dass die anderen immer feiern können, ist schon merkwürdig. Sie geht dann doch hin, isst ein Stück

Bienenstich, vermeidet knapp, ein zweites zu essen. Der Tag ist trotzdem ruiniert. Sie macht sich Vorwürfe, warum musste das wieder sein? Wie soll sie das jetzt wegkriegen, das sind doch mindestens zweihundert Kalorien? Sie hat ein Abführmittel in der Schublade. Guckt einer? Nein, dann kann sie's ja schnell nehmen. Und nach Dienstschluss natürlich ins Fitnessstudio, gestern war sie nicht dort, zu müde, ausgepowert, dafür heute eine ganze Stunde. Sie macht fünfundfünfzig Minuten, Kraftmaschinen, Power-Gymnastik. Kleines Abendbrot, Magerquark, Tomate. Sie ist sehr müde, sehr hungrig, sehr erschöpft, als ihr Freund kommt. Wird Zeit, dass Viagra für Frauen entwickelt wird, denkt sie, als er anfängt sie zu küssen.

Der McKinsey-Gedanke ist hauptsächlich ein Gedanke des Nicht-Genügens. Sich und andere unter Stress halten, niemals Zufriedenheit zulassen, die ständige Verbesserung, Erneuerung, Aufwertung. Das Menschenbild unserer Zeit, vor allem der Körperkult, überträgt diesen Stress auf das Private. Die Nervosität der Börse zieht ein in den Alltag. Der Tageskurs ist das Gewicht, das die Waage morgens anzeigt. Der Wert entscheidet über die Stimmung, genau wie an der Börse, nur mit umgekehrtem Vorzeichen. Eine Baisse im Badezimmer sorgt für gute Laune.

Fukuyama schreibt in seinem Buch, dass in den Vereinigten Staaten ein Viertel der Frauen Prozac nehme, ein Fünftel der Schuljungs das Medikament Ritalin, das Kinder beruhigt und vor allem bei Verdacht auf Hyperaktivität verabreicht wird. Prozac dient dazu, dass sich Frauen besser im Beruf durchsetzen, Ritalin soll Jungs beim Lernen helfen. Beide Drogen sollen also die Leistung steigern, genau wie Viagra, genau wie Ecstasy oder Anabolika für Bodybuilder. Für mich geht es hier nicht um eine moralische oder medizinische Bewertung dieser Drogen. Es geht darum, dass sie Ausdruck dafür sind, wie sehr der Leistungsgedanke auch die Welt des Vergnügens dominiert. Letzten Endes steigert auch die Partydroge Ecstasy die Effizienz: Wie viele Stunden Tanz schaffe ich in einer Nacht? Das Vergnügen unterstellt sich somit einer Maßeinheit, lässt sich in Zahlen darstellen. Die Drogenaffinität ist komplementär zur McKinsey-Welt und trägt den Gedanken, der den Tag beherrschen soll, durch die Nacht: Ich muss möglichst viel schaffen.

Welche Folgen es haben kann, wenn man den Leistungsgedanken auf die Biologie anwendet, zeigt der ewige Streit um das Gesundheitswesen. Seit Jahrzehnten kämpft die Politik um eine Begrenzung der Kosten für die Krankenbehandlung. Die Bevölkerung wird immer älter und damit behandlungsbedürftiger, die Pharma- und Geräteindustrie entwickelt immer bessere, teurere Produkte – also steigen die Ausgaben der Krankenkassen. Das ärgert Arbeitnehmer und Arbeitgeber, weil sie sich die Beiträge für die Krankenversicherung teilen. Damit ist die Gesundheitspolitik auch Standortpolitik geworden. Hohe Lohnnebenkosten bringen die Unternehmen beim internationalen Wettbewerb ins Hintertreffen.

Viele Politiker, vor allem aus der FDP und der CDU, sehen eine Lösung darin, das Gesundheitswesen als Markt zu betrachten. Ärzte, Krankenhäuser und Pharmafirmen sind die Anbieter, die Patienten sind die Nachfrager, also die Kunden. Wäre das Gesundheitswesen ein Markt, würden die Kunden für alle nachgefragten Leistungen bezahlen. Diesem Zustand wollen sich viele Politiker annähern. Deshalb wird der Leistungskatalog der Krankenkassen immer mehr ausgedünnt. Wer Zahnersatz will, muss einen großen Teil selbst übernehmen, es gibt Zuzahlungen bei Medikamenten und anderes mehr.

Eine Marktgesellschaft, die auch sozial sein will, kann aber nur einigermaßen im Gleichgewicht sein, wenn sich die Nachfrager, also die Kunden, die angebotenen Produkte entweder leisten oder schmerzlos darauf verzichten können. Niemand muss ein Luxusauto fahren. Aber jeder muss sich ernähren. Grundnahrungsmittel sind deshalb in funktionierenden Gesellschaften erschwinglich für alle. Es gab schon Rebellionen, weil die Brotpreise zu hoch wurden.

Im Gesundheitswesen gelten diese Regeln nicht. Oft sind es sehr teure Therapien, die ein Leben erhalten, zum Beispiel bei Herzkranken oder Aids-Patienten. Auf diese Therapien kann kein Patient verzichten, es sei denn, er wünscht den Tod. Deshalb ist es falsch, das Gesundheitswesen wie einen Markt zu organisieren. Das führt zu einer Ungleichheit, wie sie in Deutschland zuletzt im 19. Jahrhundert geherrscht hat. Die Balance der Gesellschaft würde gestört, niemand kann das wollen. Wenn Politiker trotzdem Marktgesetze in diesem Bereich fordern, dann folgen sie damit nur dem blinden Vertrauen in die Allheilkräfte des Marktes.

Da ein Gesundheitssystem, das gute Versorgung bei niedrigen Kosten gewährt, noch nicht gefunden wurde, versucht man bislang, die Probleme vor allem durch Sparen zu lösen. Das bringt den Ökonomismus ins Gesundheitswesen. Wer sparen will, muss effizient handeln. Also wird McKinsey gerufen, zum Beispiel ins Krankenhaus St. Georg in Hamburg. Die Berater kamen, guckten zu, guckten auf die Uhr, fragten, schrieben ein Gutachten. So haben sie ermittelt, dass die Behandlung einer instabilen Angina Pectoris nicht neun Tage dauern muss, sondern vier. Verwandte Medizinbereiche sollen zu Zentren vereint werden, um effizienter arbeiten zu können. Bernhard Leisner, Ärztlicher Direktor des Krankenhauses St. Georg, als McKinsey das Gutachten gemacht hat, war mit dem Ergebnis zufrieden. Allerdings, fand er, fehlte den Beratern «jede Sensibilität für ärztliche und pflegerische Belange». Das heißt, McKinsey leistete gute Arbeit, solange es um Fragen von Technik oder Organisation ging. Sobald es aber um Zuwendung oder Mitmenschlichkeit ging, die wichtig sind in einem Krankenhaus, fehlten Kompetenz und Gespür. Wollte man eine McKinsey-Welt malen, könnte man warme Farben nicht verwenden.

Am Ende läuft Sparen im Gesundheitswesen immer auf ein Wort hinaus: Rationierung. Dazu gibt es eine Geschichte des irischen Schriftstellers Bernard Shaw:

Der Arzt Colenso Ridgeon, ein Mann von fünfzig Jahren, steht vor einer tragischen Entscheidung: In seiner Klinik ist nur noch ein Platz frei, und um den bewerben sich zwei Männer, die beide Tuberkulose haben; sie werden sterben, wenn Ridgeon sie nicht behandelt. Er muss wählen zwischen Dr. Blenkinsop, selbst Arzt, und dem Maler Louis Dubedat. Für Blenkinsop spricht, dass er ehrlich und rechtschaffen ist. Allerdings hat er in seinem Leben nichts Besonderes geleistet. Dubedat dagegen malt hinreißende Bilder, ansonsten ist er ein Widerling. Wer verdient es zu überleben?

Ridgeon entscheidet sich für den Kollegen Blenkinsop, nicht jedoch wegen dessen angenehmen Charakters. Vielmehr liebt er die Frau des Malers. Seine Entscheidung macht sie zur Witwe und er kann Hoffnung haben, sie eines Tages zu heiraten.

Diese Geschichte, «Des Doktors Dilemma», fasst sehr gut das größte Problem der Gesundheitsversorgung zusammen. Es gibt nicht genug Ressourcen für alle. Deshalb muss ausgewählt werden, nach Kriterien, die fragwürdig sind. Die Entscheidung über Leben oder Sterben in Kriegszeiten wird Triage genannt. Wenn während einer Schlacht die Verletzten herangeschafft werden, reicht die Kapazität des Feldlazaretts nicht für alle. Der Arzt sortiert daher aus. Die Leichtverletzten müssen sehen, wie sie allein klarkommen. Die Schwerverletzten werden ihrem Schicksal überlassen, sterben also. Die mittelschwer Verletzten werden operiert. Es ist eine Entscheidung über Effizienz: Mit welchem Einsatz der Ärzte überleben möglichst viele Soldaten?

Auch die Rationierung in Friedenszeiten zwingt zu Effizienzentscheidungen. Wie setze ich bei einem knappen Budget das Geld ein, damit es möglichst viel bringt? – Die Antwort auf die Frage, was etwas bringt, kann direkt in die McKinsey-Biologie führen.

Einen Versuch machten Anfang der neunziger Jahre die Politiker im amerikanischen Bundesstaat Oregon. Für die

Armenversicherung Medicaid wurde eine Rangliste mit 709 Positionen medizinischer Leistungen aufgestellt. Ganz oben standen präventive Maßnahmen, die mit wenig Geld für ein Höchstmaß an Gesundheit sorgen konnten. Die Grenze zogen die Politiker unter Position 587. Alles, was eine höhere Nummer hatte, galt als nicht mehr behandlungswürdig, als nicht mehr effizient, weil es bei hohen Kosten geringen Nutzen versprach. Darunter fielen chronische Bronchitis oder durch Viren ausgelöste Lungenentzündung. Wer mit diesen Krankheiten zum Arzt gekommen wäre, hätte gehört: Sorry, sehen Sie selbst zu, wie Sie klarkommen. Die Liste von Oregon wurde nicht wirksam, weil die ethischen Bedenken zu groß waren.

Um eine Kosten-Nutzen-Rechnung aufzustellen, muss man zuerst Kosten und Nutzen ermitteln. Für die Kosten gibt es Preislisten, aber wie misst man den Nutzen von medizinischen Leistungen? In Großbritannien, wo das Gesundheitsbudget streng rationiert ist, wurden dafür so genannte *Qualys* entwickelt. Dahinter steckt der Begriff *quality adjusted life year*. Ein Qualy ist also ein Ausdruck für durch medizinische Behandlung gewonnene Lebensjahre einer bestimmten Lebensqualität. Diese Qualys wurden dann den Kosten gegenübergestellt. Ein Jahr relativ guter Lebensqualität, das durch Dialyse gewonnen wurde, kostete zum Beispiel 21 970 Pfund. Ein entsprechendes Jahr, durch einen Herzschrittmacher gewonnen, kostete 1100 Pfund. Man könnte jetzt, stark vereinfachend, folgende Rechnung aufmachen: Stehen 110 000 Pfund zur Verfügung, kann das Gesundheitssystem dafür mit Dialyse fünf Qualitätsjahre kaufen, mit Herzschrittmachern hundert

Qualitätsjahre. Bei konsequenter Anwendung wäre dies das Todesurteil für die Nierenkranken.

Was aber heißt Lebensqualität? Auch die Antwort auf diese Frage wurde in eine Tabelle gepresst, in die so genannte Rosser-Matrix. Zwei Kriterien fließen ein: der Grad einer Behinderung und die Stärke von Schmerzen. Den besten Wert – 1,0 – bekommt eine Behandlung, die auf Dauer ein Leben ohne Behinderung und Schmerz möglich macht. Die Bewertung null steht für starke Schmerzen und ein Leben im Rollstuhl. Die niedrigste Lebensqualität – minus 1,486 – hat ein Mensch, der unter starken Schmerzen ans Bett gefesselt ist. Wissenschaftler haben dies durch Befragungen ermittelt. Am Ende steht eine Art Hitparade der Lebensqualitäten. In der Rosser-Matrix hat der Tod den Wert null, wird also dem Leben eines unter starken Schmerzen leidenden Rollstuhlfahrers gleichgesetzt. Bei einem begrenzten Budget würde die Matrix so angewendet: Es haben die Operationen eine Chance auf Finanzierung, die einen hohen Wert haben, möglichst einen Wert 1,0, den Patienten also auf Dauer ein Leben ohne Behinderung und Schmerz möglich machen.

Ein anderer Ansatz für Rationierer ist das Alter der Patienten, nicht zuletzt wegen der zunehmenden Vergreisung der Gesellschaft. Siebzig Prozent der Gesundheitskosten, die ein Mensch verursacht, fallen im Schnitt in den letzten beiden Lebensjahren an. Deshalb wird über Altersgrenzen diskutiert. Der amerikanische Wissenschaftler Daniel Callahan schreibt in seinem Buch «Setting Limits» von einer «natürlichen Lebensspanne»; 75 bis 80 Jahre, sagt er, sind genug. Das Gesundheitssystem solle alles tun, damit die

Menschen so alt werden können, nichts aber, damit sie noch länger leben. «Jenseits dieser Grenze», schreibt Callahan, «sollte die Regierung nur die Mittel bereitstellen, die nötig sind, das Leiden zu lindern», also Schmerzmittel.

Wiegt man Menschenleben mit Geld auf, lassen sich Altersgrenzen auch mit dem so genannten Humankapitalansatz begründen. Nach diesem Modell ist ein Mensch so viel wert, wie er künftig erwirtschaften kann. Bei Kindern sind dies durchschnittlich 1,3 Millionen Euro, Rentner liegen bei null. Also müsste es nach diesem Ansatz heißen: Rettet Kinder zulasten der Rentner.

Die Beispiele zeigen, wie weit es führen kann, wenn man den Effizienzbegriff konsequent auf den Menschen anwendet. Der Sozialmediziner Hans-Heinrich Raspe aus Hannover sagt zur Rosser-Matrix: «Besonders prekär ist der implizierte und unreflektierte Wertaspekt: Alles, was vom Ideal einer schmerzlosen, potenten und vitalen Existenz abweicht, wird mit Last und Unwert identifiziert.»

Mittels McKinsey-Biologie wird die Menschheit gleich doppelt geteilt: Wert und Unwert, arm und reich. Denn wem das Gesundheitssystem nach den Kriterien der Rosser-Matrix eine Operation nicht finanziert, weil sie als ineffizient gilt, der kann sie natürlich trotzdem bekommen, wenn er sie selbst bezahlt. Genauso ist es mit der Biotechnik. Wer Geld hat, kann sich selbst oder seine Nachkommen optimieren. Die anderen müssen auf den Zufall hoffen.

Francis Fukuyama sagte in unserem Gespräch, die Biotechnik berge Potenzial für harte gesellschaftliche Auseinandersetzungen, bis hin zu neuen sozialen Revolutionen. Sie begünstige die Entstehung einer Gesellschaft, in der es ohne die Hilfe der Genmanipulation keine Aufstiegschance gibt. Eine Gesellschaft, in der die Verhältnisse zementiert, die Klassen segregiert würden wie in den Feudalgesellschaften.

McKinsey-Wirtschaft:
Die Zertrümmerung von Heimat

Natürlich ist Ökonomismus in der Ökonomie sinnvoll. Ein Unternehmen, das nicht effizient arbeitet, kann im Wettbewerb nicht überleben. Wenn die Kosten niedrig sind, nützt das auch dem Verbraucher, also uns allen, weil dann die Preise niedrig sein können. Die Wirtschaft, das ist die Welt von McKinsey, hier gehören die Berater hin, hier vor allem kann ihre Arbeit nützlich sein. Aber Effizienz hat auch in Unternehmen ihre Grenzen. Die setzt der Mensch, weil sein Bedürfnis nach Erholung, Entspannung, Abwechslung, Beständigkeit, Regelmäßigkeit in Konkurrenz tritt zu den Anforderungen bei der Arbeit.

In den letzten Jahren haben sich diese Anforderungen geändert. Mehr denn je wird von den Arbeitnehmern verlangt, mobil zu sein, flexibel und international orientiert, alles auf höchstem Effizienzniveau. Das hat zum einen mit der Globalisierung zu tun, zum anderen mit der New Economy, die Arbeitsverhältnisse noch einmal neu definiert hat. Dazu kommt die gewachsene Bedeutung der Börse, die in ihrer extremen Nervosität die Arbeit in den Unternehmen unter eine große Spannung stellt, zudem unter einen nicht gekannten Zeitdruck, da die Börse schnell Ergebnisse sehen will. Eine Wirtschaft, die sich nach den Prinzipien von McKinsey organisiert, unterwirft die Menschen schnellen und ständigen Änderungen, presst ununterbrochen Leistung aus ihm heraus. McKinsey-Wirtschaft neigt dazu, den Menschen zu überfordern. Der McKinsey-Manager ist für mich Jürgen E. Schrempp, der Vorstandsvorsitzende von DaimlerChrysler.

Der McKinsey-Manager

Auf dem Weg zu Jürgen E. Schrempp passiert man ein Vorzimmer, in dem jeder freie Platz mit Teddybären besetzt ist, ein paar Dutzend Plüschtiere, zum Teil groß wie ein Kleinkind. Sie sind Gesellschaft für Schrempps Büroleiterin und Ehefrau, die Teddybären sammelt. Noch eine Tür, und dann steht man im Zimmer des Herrn der Welt AG, der Mercedes, Chrysler und Mitsubishi zu einem Konzern zusammenschmieden will.

Es ist ein überraschend kleines Zimmer, eng und verwinkelt. Es ist mit dunklem Holz getäfelt, die Möbel sind Antiquitäten, kleine, dunkle Möbel. Holzfiguren aus Südafrika, Modelle von Flugzeugen, ein Chrysler Viper. «Meine Klara», sagt Schrempp und zeigt auf einen Laptop, der auf einem winzigen Tischchen steht. Er steht so, dass Schrempp zum Fenster hinausgucken kann, wenn er arbeitet. Er ist stolz auf dieses Zimmer, stolz, dass es so klein ist. Das Büro seines Vorgängers Edzard Reuter war doppelt so groß.

Ein Schrempp in Bestform ist ein kleines Ereignis. Er ist laut, angriffslustig, ist Boxer, Bulle, Cowboy, alles gleichzeitig und im Wechsel. Seine Schultern schwingen, links, rechts, links, als wolle er die Fragen abfedern, seine Daumen sind im Gürtel eingehakt, sein Schädel stößt weit über den Tisch vor. Er lacht, er grinst, er hat so viel Spaß, Jürgen E. Schrempp zu sein, Chef von Europas größtem Konzern.

Angefangen hat er als Kfz-Mechaniker in der Freiburger Niederlassung von Mercedes. Nach der Lehre studierte er an der Fachhochschule in Offenburg. Für Daimler war er in Südafrika und in den Vereinigten Staaten. Dann wurde er Chef der Dasa, der Luft- und Raumfahrttochter von Daimler. Seit 1995 ist er Vorstandsvorsitzender des Gesamtkonzerns.

Schrempp hat *Shareholder Value* nach Deutschland importiert. Er war der Erste, der vor allem nach den Bedürfnissen der Aktionäre wirtschaften wollte. Ihre Bedürfnisse sind steigende Aktienkurse und hohe Dividenden. Also muss das Unternehmen in rascher Folge für gute Nachrichten sorgen, hohe Gewinne melden, die Kosten knapp halten. Es muss ständig Nischen kehren, Zufälle ausschalten. DaimlerChrysler ist ein Großkunde von Unternehmensberatungen, auch von McKinsey.

Im Sommer 1998 überraschte Schrempp die Welt mit der Nachricht, dass er Daimler-Benz mit dem drittgrößten amerikanischen Autohersteller Chrysler verschmolzen hat. Das verkaufte er als «Fusion unter Gleichen», doch stellte sich bald heraus, dass in Wahrheit Daimler die amerikanische Firma geschluckt hatte. Bald darauf übernahm DaimlerChrysler 34 Prozent des japanischen Autoherstellers Mitsubishi, und faktisch hatten die Deutschen fortan das Sagen. So wurde Schrempp zum Chef einer Welt AG. Er begründete diese Zukäufe vor allem strategisch. Ein Autokonzern mit Zukunft müsse groß sein, damit er nicht von anderen geschluckt wird, er müsse auf allen großen Märkten der Welt stark vertreten sein. Mercedes ist das in Europa, Mitsubishi in Asien, Chrysler in Amerika.

In Wahrheit gab es für die Zusammenschlüsse noch einen anderen Grund, über den Schrempp aber nie deutlich redete, weil er die Gefühle der Mitarbeiter von Chrysler und Mitsubishi verletzen könnte. Es geht dabei um Effizienz. Mercedes muss unentwegt neue Technologien entwickeln, um seine Autos für die anspruchsvollen Kunden attraktiv zu halten. Anti-Blockier-System, Anti-Schlinger-System, ständig verbesserte Motoren, ständig verbesserte Getriebe. Die Kosten für die Entwicklung dieser Techniken sind sehr hoch, können bei Mercedes aber nur auf eine relativ kleine Stückzahl verteilt werden, da die potenzielle Kundschaft für teure Autos nicht so groß ist. Also braucht Schrempp Chrysler und Mitsubishi, damit sie Mercedes die neuen Entwicklungen abkaufen können.

Gemeinsam mit meinem *Spiegel*-Kollegen Dietmar Hawranek habe ich über mehrere Wochen bei Mercedes, Chrysler und Mitsubishi recherchiert. Unser Eindruck war, dass die Ingenieure von Chrysler und Mitsubishi die Technologien von Mercedes gar nicht haben wollen. Sie finden, dass ihre Autos ein Anti-Schlinger-System zum Beispiel nicht brauchen. Ein Chrysler bewegt sich in Amerika in einer gedehnten Welt, breite Rollbahnen, große Parkplätze um jedes Geschäft, jede Bar. Man findet kaum Fußwege, nur selten fährt ein Bus. Der Verkehr fließt gemütlich, kein Ehrgeiz, kein Eifer, immer geradeaus, und dann slow, slow, slow, wenn ein Abzweig kommt, Höchsttempo: 60 Meilen in der Stunde. Man sitzt im Auto wie auf dem Sofa und trinkt Cola gegen die Müdigkeit. Ein Ingenieur, mit dem wir länger gesprochen haben, war besonders stolz auf die Cupholder, die Dosenhalter, die in seinen Autos überall verteilt sind. Auch Japan hat ein Tempolimit auf Autobahnen, und die riesigen Städte sind ständig verstopft, sodass ein Auto mehr steht als fährt. Der Mercedes dagegen wird für Autobahnen gebaut, auf denen die Freiheit grenzenlos sein soll. Ein Mercedes muss auch bei einer Geschwindigkeit von 200 oder 250 stabil durch lang gezogene Kurven fahren. Das erfordert einen ganz anderen technischen Aufwand als für amerikanische Highways oder japanische Städte.

Zudem waren die Leute von Chrysler und Mitsubishi ohnehin nicht begeistert, Entwicklungen aus Deutschland übernehmen zu müssen. Sie waren stolz auf ihre Autos, auch wenn sie nicht mit High-Tech protzen können wie die S-Klasse von Mercedes. Gerade Autos sind ein nationales Thema. Man sieht das an den Spielzeugautos, die nahezu alle Büros in der Welt AG schmücken, oft die großen, alten Autos der jeweiligen Firma. Und die Männer, wenn es um ihre Autos geht, sind wie kleine Jungs, so leidenschaftlich und manchmal so bockig. Schrempp überfordert sie, Internationalismus im Zeichen der Effizienz rührt an kulturelle Haltungen, die Hunderte von Jahren alt sind, nationale Haltungen.

Chrysler hat in seiner Zentrale in Auburn Hills bei Detroit einen Frisör, Phil Baglio. Seine Stube liegt im Erdgeschoss gegenüber den Fahrstühlen. Zehn Dollar für einen Haarschnitt, mit Waschen vierzehn Dollar. Der Geruch von Shampoo, Baglios Schere klappert. Als Pat Piazza hereinkommt, eine Frau in mittleren Jahren, beginnt bald ein Gespräch über Kulturen. Weil nun die Deutschen das Sagen haben in ihrer Firma, hat sich Piazza einen deutschen Berlitz besorgt, «ja» und «nein» kann sie schon. «Es ist immer gut, eine neue Kultur kennen zu lernen», sagt sie, «es bildet mich weiter. Wir haben Kulturkurse von der Firma, und da lernen wir jetzt einiges über die deutsche Kultur.» Auf die Frage, was sie denn gelernt habe, sagt sie: «Oh, das ist schwierig. Die Deutschen mögen es nicht, dass man so viel lacht bei der Arbeit, sie sind sehr ernst und konzentriert auf den Job.» Der Frisör klappert mit der Schere, Piazza überlegt, sagt dann: «Was ist falsch daran, zu lachen? Ich weiß nicht.»

In zwei Jahren sind sich Deutsche und Amerikaner im Unternehmen nicht unbedingt näher gekommen. Bei manchen Gesprächen konnte man den Eindruck haben, DaimlerChrysler beschäftige nicht 420 000 Leute, sondern zwei, den Deutschen und den Amerikaner.

Der Amerikaner lebt nicht gern im Ausland, macht früh Feierabend, hält sich die Wochenenden frei, spricht nur Englisch, zeigt – schlimm für die Kinder – schon im Nachmittagsprogramm brutale Filme. Sagt der Deutsche.

Der Deutsche braucht ewig für Entscheidungen, außerdem müsste er mal lockerer werden, und er zeigt – schlimm für die Kinder – schon im Vorabendprogramm Sexszenen. Sagt der Amerikaner.

Als wir in Amerika recherchieren, sind wir auch in der Fabrik von Sterling Heights, wo Chrysler Cabrios und Limousinen baut. Am Werkstor ist das RJ's, eine Bar, wo wir die Arbeiter Jim, Jeff und Hank treffen, die sich hier die

Zeit bis zum Schichtwechsel um 14.30 Uhr mit ein paar Bieren vertreiben. Jim trägt einen Bart, hat eisige Augen, halblange Haare, und sein Lächeln kommt langsam, um sich dann sehr breit zu ziehen.

«Wir haben uns», sagt Jim, «in den letzten Jahren gut geschlagen, und jetzt, seitdem die Deutschen da sind, geht es bergab. Habe ich Recht?»

«Unsere Leute», sagt er, «müssen alle gehen, warum?»

«Wissen Sie was», sagt er, «das Auto, das wir bauen, ist kein amerikanisches Auto mehr.»

Jetzt sieht er sehr traurig aus. Das Auto, das eine eigene Welt erschaffen konnte, die Welt da draußen, die Welt der Rollbahnen und Parkplätze, dieses stolze Auto ist für ihn nicht mehr amerikanisch, sondern irgendwie deutsch.

«Gutes Bier», sagt Jim auf die Frage, was er von Deutschland weiß.

Das RJ's ist eine dunkle Bar ohne Fenster, eine Welt von zehn mal zehn Metern. Die Bildschirme zeigen Football, Basketball, Eishockey, die amerikanischen Ligen. Ansonsten dringt von außen nichts herein. Globalisierung? Hier nicht, dies ist und bleibt Amerika. Je kleiner die Welt, desto schöner ist sie für manchen. Das Bier im RJ's ist eiskalt, und die Bedienung trägt 'nen verdammt kurzen Rock. Was soll's also, fuck Mercedes.

«Wollen Sie wissen», fragt Jim, «ob ich meine Arbeitsmoral verloren habe? Wollen Sie das wirklich wissen? Ich sag's Ihnen: Ja, ich habe meine Arbeitsmoral verloren.»

Auch die Manager arbeiten nicht so reibungslos über die nationalen Grenzen hinweg, wie sich Schrempp das vorgestellt hat. Es gibt im Konzern eine Leitkultur, und die ist deutsch. Die Leute von Mercedes leben in dem Gefühl, das beste Auto der Welt zu bauen, das S-Klasse-Gefühl. Sie sind manchmal rührend in ihrem Versuch, sich ihr Selbstbewusstsein, ihr Überlegenheitsdenken nicht anmerken zu lassen. Sie sprechen eilfertig Englisch, auch wenn dreißig Deutsche und ein Amerikaner zusammensitzen, und sie sagen dann nicht nur perfekt Ohbö'n Hillz, sondern auch Zindälfingän, Rastätt und Brämmen. Sie haben sich eine politische Korrektheit angewöhnt, in der oben nicht oben und unten nicht unten heißt. Die S-Klasse ist nach offiziellem Sprachgebrauch nicht mehr das bessere Auto, sondern das aufwändigere. Trotzdem merken Amerikaner und Japaner, was los ist. Den Willen zur Kooperation stärkt das nicht.

Wie langwierig und schwierig es sein kann, aus dem nationalen Denken herauszukommen, zeigt das Beispiel von Gerhard Wolf und Gary Cash, die so eng zusammenarbeiten wie kein anderes deutsch-amerikanisches Paar bei DaimlerChrysler. Sie haben sich in Graz getroffen, im Automobilwerk von Steyr-Daimler-Puch, wo Chrysler den Jeep Grand Cherokee fertigen lässt. Wolf war auf der Suche nach Kapazitäten für den Geländewagen der M-Klasse. Cash konnte die Kapazitäten, die er bei Steyr gebucht hatte, nicht auslasten. Die Idee war, beide Autos in derselben Fabrik zu bauen.

Wolf und Cash sind ungefähr gleich groß, der Deutsche ist der Schwerere, der Amerikaner der Elegantere. Sein Ehering hat Brillanten, der des Kollegen ist schlicht. Cash trägt eine prächtige Uhr am Handgelenk, Wolf ist ohne Krawatte. Für den Urschwaben Wolf war es anfangs undenkbar, einen Mercedes, einen herrlichen Mercedes, auf dasselbe Band zu stellen wie einen simplen Jeep. Er wollte im Prinzip nur dieselbe Halle benutzen. Cash hat diese Herabsetzung gespürt und alles dafür getan, dass sich der Mercedes zum Jeep auf das Band gesellt. Zudem brachte diese Lösung mehr Einsparungen.

Sie haben geredet und geredet. Sie waren nicht Angestellte desselben Unternehmens, sondern ein Amerikaner und ein Deutscher. Sie haben die Tür geschlossen, damit niemand hört, wie sie sich anschreien. Für Cash war Wolf zu direkt, für Wolf war es manchmal nervig, hinter Cashs Umschreibungen das herauszufinden, was gemeint war. Die gemeinsame Sprache, die sie schließlich gefunden haben, war die der Ingenieure: die Autos nicht mit Nationalfahnen schmücken, sondern Zahlen sprechen lassen. So ließ sich Wolf überzeugen: Über das Band in Graz gleiten nun abwechselnd Jeep und Mercedes.

Als wir nach unserem Interview mit Cash und Wolf in der Kantine von Steyr zu Mittag essen, sitzen Cash und Wolf nebeneinander. Sie kommen ganz gut miteinander klar, auch wenn man merkt, dass ihr Verhältnis heikel war und ist. Wolf überlässt immer Cash das erste Wort oder die Führung durch die Halle, ohne dass der Eindruck entsteht, er würde sich unterordnen. Er hat es leichter, sich zurückzunehmen, weil nicht seine Firma übernommen wurde, sondern die des Kollegen.

Auf einmal, nach dem Dessert, sind die beiden sehr fröhlich, lachen und werfen sich gegenseitig japanische Wörter zu, Kaizen, Akihito. Die Frage war, ob sie sich vorstellen könnten, ein ähnliches Projekt mit Mitsubishi zu machen. Cash ist skeptisch, Wolf erzählt von seinen geschäftlichen Erfahrungen mit Japanern. «Der Japaner sagt nie nein, nur ‹Oh I am surprised›. Während wir dasitzen und es kurz und knackig wollen, spielt der Japaner auf Zeit. Da werd' ich bös. Nicht nur wir müssen lernen, mit deren Kultur klarzukommen. Die müssen auch lernen, mit unserer Kultur klarzukommen.»

Wolf und Cash wirkten sich nie so nahe wie in dem Moment, als sie sich gemeinsam über die Japaner amüsierten. Die Aussicht, bald wieder Fremden gegenüberzustehen, schweißte die, die sich einmal fremd waren und mit Mühe aneinander gewöhnt haben, zusammen.

Dies ist nicht die schönste Seite des Menschen, aber er ist eben so. Der Drang, sich abzugrenzen, ist groß. Auch deshalb funktioniert die Welt AG nicht richtig. Sie baut nicht Grenzen zwischen den Kulturen ab, sondern lässt sie deutlicher hervortreten, gern auch als Klischee. Wer globalisiert wird, nationalisiert sich erst einmal und erzählt am liebsten von den Unterschieden. Wenn das Neue, das Unbekannte droht, wird die alte Identität wichtiger. Zwar ist langfristig möglich, dass Menschen aus verschiedenen Kulturen zusammenarbeiten, wie das Beispiel Wolf und Cash zeigt. Es ist auch über ökonomische Aspekte hinaus wünschenswert, weil es das Verständnis füreinander fördern kann. Gleichwohl ist ein Konzern wie DaimlerChrysler nicht der ideale Ort für Völkerverständigung. Denn alles, was hier getan wird, steht unter Effizienz- und Profitdruck. Weil der Atem der Börse so kurz ist, müssen sich Amerikaner, Japaner und Deutsche rasend schnell aneinander gewöhnen, müssen sofort Vorurteile abbauen, sofort eigene Traditionen abschaffen, damit der Konzern Synergien schöpft und alle drei Monate glänzende Zahlen präsentieren kann. Sie müssen eine Mobilität und Flexibilität an den Tag legen, die ihrer Erziehung, ihrer Lebenserfahrung widerspricht. Sie sind als Deutsche, Amerikaner, Japaner aufgewachsen, und nun, sagt ihnen der Herr der Welt AG, soll die Farbe des Passes keine Rolle mehr spielen. Eine schöne Vision. Aber die Europäische Union ist in fünfzig Jahren nicht zusammengewachsen, und dort sind die Unterschiede nicht so groß wie die zwischen Deutschland und Japan. Es ist nicht einmal gelungen, den Pässen in allen Ländern das gleiche Rot zu geben.

Einem Mann wie Schrempp fällt es leicht, Globalisierung zu predigen, weil er längst globalisiert ist. Er hat in den USA gearbeitet, in Südafrika. Der Reiseplan eines Monats kann so aussehen: fünfmal USA, einmal Kuweit. Er ist flexibel, mobil, effizient, international, und deshalb steht er an der Spitze von Europas größtem Konzern. Weil er so ist, denkt er, andere könnten und müssten auch so sein. Das ist der Irrtum. Auch deshalb kam DaimlerChrysler in den ersten Jahren nicht so voran, wie sich Schrempp das vorgestellt hatte. Die Leute waren in den Köpfen längst nicht so weit wie Schrempp und ein paar andere aus den oberen Etagen. Und nicht einmal er denkt wirklich international. Schrempp hat bei den Verhandlungen über die Fusion darauf bestanden, dass Gottlieb Daimler, der Deutsche also, beim Namen des Konzerns vorne steht. Er wollte auch nicht, dass der Hauptsitz des Unternehmens in die Niederlande verlegt wird.

Es gibt in der Welt AG nur ganz wenige, denen vollkommen egal ist, welche Farbe ein Pass hat und was für ein

Auto sie zusammenbauen. Einer davon arbeitet beim Rohbau in Graz. Er guckt aufs Band, und gleitet die Rohkaros-
serie eines Jeeps auf ihn zu, nimmt er Jeep-Teile und
schweißt sie fest. Kommt ein Mercedes, nimmt er Merce-
des-Teile. Und käme der Pajero von Mitsubishi, nähme er
ungerührt Mitsubishi-Teile. Mit anderen Worten, er ist der
ideale Mitarbeiter der Welt AG. Einen Namen hat er nicht:
Er ist ein Roboter.

Heimat ist ein ziemlich altes Wort, nicht zeitgemäß, nicht
zukunftsweisend. Aber ich bin bei meinen Recherchen in
vielen Ländern nie einem Wort begegnet, das Menschen so
fest im Griff hält. Es ist ein Wort, das in einer McKinsey-
Ökonomie keine Bedeutung hat. Flexibilität und Mobilität
heißt ja nichts anderes, als dass Menschen weitgehend auf
Heimat verzichten sollen, auf geographische, geistige, emo-
tionale Heimat.

Heimat steht dafür, dass sich Dinge grundsätzlich nicht
ändern, dass etwas immer erkennbar bleibt. Heimat ist wie
ein Spiegel: Man guckt hinein und erkennt sich selbst. Ein
bisschen was ändert sich von Jahr zu Jahr, aber im Prinzip
sieht man immer das Gleiche. Das gibt Sicherheit, Geborgenheit. In der McKinsey-Ökonomie zählt das nichts. Alles
soll sich immerzu ändern. Es ist das Prinzip der ständigen
Erschütterung, des dauernden Umsturzes. Das kann span-
nend, interessant, Gewinn bringend sein, aber passt es zum
Menschen?

Ich glaube nicht daran, seitdem ich Peter Eihusen kennen gelernt habe. Das ist schon eine Weile her, ich traf ihn,
weil ich eine Meldung gelesen hatte, dass Ostfriesen bei

Daimler in Sindelfingen arbeiten, sich aber nicht dort niederlassen wollen, sondern Woche für Woche pendeln. Mich interessierte das. Wenig später saß ich in einer Freitagnacht im Golf von Peter Eihusen. Er war abends um Viertel vor elf in Sindelfingen gestartet, gleich nach Ende der Schicht. Nun raste er über die Autobahn nach Ostfriesland. Außer ihm saßen noch zwei Kollegen im Golf, ebenfalls Ostfriesen. «Um dree Ühr sünd wi ind huus», hatte Eihusen kurz nach dem Start gesagt: Um drei Uhr sind wir zu Hause. Ansonsten redeten sie nicht viel, sie waren müde von der Schicht.

Stets auf der linken Spur jagte der Golf Turbodiesel durch die Nacht. Eihusen hatte eine Hand immer in Blinkernähe, um langsame Überholer zu vertreiben. Wer nicht schnell genug floh, hatte den Golf hartnäckig an der hinteren Stoßstange kleben, bis die Bahn frei war. Dann beschleunigte Eihusen wieder auf Höchstgeschwindigkeit und raste vorbei an weißen Schildern mit rotem Rand und einer schwarzen 100. Freie Fahrt für Bürger, die frei haben. Auf der Sauerlandlinie bei Siegen kamen übers Radio schlechte Nachrichten: Nebelbänke, später Glatteis. Bald wurde die Sicht schlechter, Nebelschleier waberten über die Fahrbahn. Schließlich raste der Golf in eine dichte, trübe Wand hinein, mit gut 130 auf dem Tacho. Zwanzig Kilometer weiter prasselten Salzkörnchen gegen das Bodenblech. Kurz darauf überholte Eihusen den Streuwagen mit 120 Stundenkilometern. «Mit einem Bein stehen wir immer im Grab», sagte einer seiner Mitfahrer.

Peter Eihusen war vier Jahre zuvor arbeitslos geworden. Es gab keine Aussicht für ihn, in Ostfriesland einen neuen

Job zu finden. Die Arbeitslosenquote lag bei 20 Prozent. Als er hörte, dass Daimler in Sindelfingen Leute suchte, ging er hin, aber nicht ganz. Als ich ihn traf, pendelte er schon dreieinhalb Jahre lang. Sonntagnacht hin, Freitagnacht zurück. Es war schlimm für alle, für ihn, für die Familie. Die Gefahren auf der Autobahn, die Trennung in der Woche, das gedrängte Familienleben am Wochenende. Und doch konnte sich Eihusen nicht vorstellen, nach Sindelfingen zu ziehen. Ostfriesland war seine Heimat, er wollte da nicht ganz weg. Er nahm immer Wasser von Ostfriesland mit nach Stuttgart, weil er seinen Ostfriesentee nicht mit schwäbischem Wasser trinken konnte. Er ließ sich täglich die *Ostfriesen-Zeitung* nachschicken.

Eihusen war nicht gänzlich unflexibel, immobil. Er war bereit, in Sindelfingen zu arbeiten. Aber seine Flexibilität, seine Mobilität hatte eine klare Grenze: seine Heimat. Die halsbrecherische Fahrt durch die neblige Nacht, um an einem Wochenende für vierzig Stunden in Ostfriesland sein zu können, hat mir für alle Zeiten klar gemacht, dass der Mensch an sich nicht sehr flexibel ist. Wer flexible, mobile Menschen fordert, muss sie verändern, muss gegen ihre Instinkte ankommen, muss sie im schlimmsten Fall brechen.

Die Arbeit von McKinsey ist auch Heimat-Zertrümmerung. Sicherheit soll es nicht geben, weil sie träge macht. Deshalb sollen zum Beispiel die sozialen Leistungen möglichst knapp gehalten werden. Wer damit rechnen kann, dass er ohne Arbeit ein erträgliches Auskommen findet, macht sich keine große Mühe, Arbeit zu finden. Das jedenfalls wird unterstellt und ist in einigen Fällen so falsch wohl auch nicht.

Die Frage ist aber, ob sich eine Gesellschaft insgesamt unter das Prinzip Unsicherheit stellen sollte. Ob es richtig ist, die Menschen ständig zu beunruhigen, nervös zu halten, damit sie sich das Letzte abverlangen?

Bei meinen Recherchen zu DaimlerChrysler habe ich auch Ralph Gross kennen gelernt, einen schweren Mann, der sich mit einem Schnauzbart schmückt. Er ist Gruppenmeister bei Mercedes in Sindelfingen und überwacht den Einbau elektronischer Teile in die S-Klasse, Radio, Navigator, Regensensor, Lichtsensor. Er schreitet das Band ab, ein leicht wiegender Gang, der Gang eines Schwergewichts, eine Hand liegt auf dem Rücken. Stifte und eine Prüflampe gucken aus der Brusttasche seines Kittels. Wachsamkeit liegt in seinem Blick, auch das Glück, hier sein zu dürfen, hier, wo 270-mal am Tag ein Wagen der S-Klasse an ihm vorübergleitet. Sieht er eines dieser Autos draußen auf der Straße, ist er jedes Mal versucht, mit einer Hand streichelnd über den Lack zu fahren. «Abprüfen» ist sein Wort. Das Band entlangschreiten und abprüfen, hier mal am Kabel ziehen, dort ein wenig ruckeln und wieder auf die Monitore schauen. Fließt der Strom? Doppelt gucken, doppelt prüfen.

Gross hat ein sattes Lebensgefühl, das sich manchmal in einem breiten Grinsen äußert, wenn er von sich, seiner Arbeit, seinem Häuschen und seiner Familie redet. Es ist das S-Klasse-Gefühl, das Gefühl von Sicherheit, Unerschütterlichkeit, Ewigkeit. Er kann dieses Gefühl haben. Sein Arbeitsplatz bei Mercedes ist sicher, er wird gut bezahlt.

Gross' ganzes Leben ist auf Beständigkeit ausgerichtet.

Er arbeitet seit Ewigkeiten bei Mercedes und wird da nicht mehr weggehen. Er ist endgültig angekommen, seitdem er sein Häuschen hat. Es bewegt sich nicht viel in seinem Leben. Der langsame Takt der vorbeiziehenden Autos, alle sieben Jahre ein neues Modell, hin und wieder Modifikationen. Was man ihm vor allem abverlangt, ist Gründlichkeit, das Wort Flexibilität spielt keine große Rolle in seinem Leben, obwohl er auch für ein paar Jahre in den Vereinigten Staaten war, als seine Firma ihn dort brauchte.

Man könnte sagen, dass Gross' Leben langweilig, ereignislos ist. Die Erzählungen vom schnellen Wechsel, von der Unsicherheit sind meist interessanter als die Erzählungen von der Dauer und der Sicherheit. Gross' Lebensentwurf ist weit entfernt von dem, was heute als notwendig dargestellt wird, was als Erfolg versprechend und zukunftsträchtig gilt.

Gross würde einen solchen Einwand nicht verstehen. Es geht ihm ja gut, er ist ein glücklicher, ausgeglichener Mensch. Seine Bedürfnisse werden erfüllt. Tatsächlich bin ich wohl nie einem Menschen begegnet, der so vollkommen zufrieden ist wie Ralph Gross. Ich glaube, dass Zufriedenheit sehr viel mit Sicherheit zu tun hat. Gross sorgt dafür, dass das beste Auto der Welt sicher ist, und seine Firma sorgt dafür, dass Gross in sicheren Verhältnissen leben kann.

Mercedes hat nämlich viel davon. Die Autos, die von Gross und seinen Kollegen gebaut werden, verkaufen sich blendend und spülen Jahr für Jahr Milliarden in die Kassen. Es gibt weltweit keine Autofirma, die so solide und einträglich ist wie Mercedes. Es gibt kein Auto, das seinen Fahrer so zufrieden macht wie ein Mercedes, und das hat mit der Zufriedenheit seiner Erbauer zu tun.

Ich möchte selbst nicht leben und arbeiten wie Ralph Gross, aber ich glaube, dass seine Zufriedenheit ziemlich wichtig ist für diese Gesellschaft und ihren Wohlstand. Ich glaube auch, dass die überwiegende Mehrheit der Bevölkerung nichts anderes möchte, als so zu leben und zu arbeiten wie Gross.

Aber das stört jetzt. Es nervt. Es geht jetzt um etwas anderes. Es geht jetzt darum, Unternehmer sein zu wollen. Als ich an diesem Text schrieb, hörte ich im Berliner Info-Radio kurz hintereinander Interviews mit Lothar Späth, dem ehemaligen Ministerpräsidenten von Baden-Württemberg und ehemaligen Vorstandsvorsitzenden von Jenoptik, und Meinhard Miegel, dem Leiter des Instituts für Wirtschaft und Gesellschaft. Danach kam ich mir schlecht vor. Ich hatte ein schlechtes Gewissen, ich hatte das Gefühl, das falsche Leben zu leben. Beide sind gut darin, einem dieses Gefühl zu geben. Sie reden immer sehr eindrucksvoll und schreiben Bücher, in denen sie ganz Deutschland ein schlechtes Gewissen machen. Weil wir keine Unternehmer sein wollen, weil wir Arbeitnehmer sind und uns ganz okay damit fühlen. Herbert Henzler, als er noch Chef von McKinsey Deutschland war, sagte mir in einem Gespräch, dass er eine Liste mit Geschäftsideen führe. Wenn er irgendwo lese oder höre, dass sich jemand selbständig gemacht habe, schreibt er das auf. Es gibt ihm das Gefühl, dass nicht alles verloren ist. Jemand bietet Yogakurse für zu Hause an, jemand gründet einen Lieferservice für Ökowindeln, schon macht sich Henzler eine Notiz und hat wieder ein bisschen Hoffnung. Beide Beispiele hat er in dem Gespräch mit mir genannt, und ich fühlte mich schlecht mit meiner Angestelltenmentalität. Sein großer Traum sei, sagte Henzler, dass es eines Tages einen deutschen Bill Gates gibt, einen, der aus einer kleinen Idee ein großes Wirtschaftsimperium macht wie Microsoft.

Ich habe übrigens hohen Respekt davor. Ich habe hohen Respekt vor jedem Existenzgründer, vor dem Mut, vor der Bereitschaft, sich ganz und gar einer Sache zu verschreiben. Wahrscheinlich gibt es wirklich zu wenig von diesen Leuten. Ich bin nur skeptisch, wenn jemand kommt und sagt, ein Großteil der Menschheit müsse neu erfunden werden und zwar nach den Vorstellungen von McKinsey. Die Beharrungskräfte sind ziemlich groß, bei den Deutschen größer noch als bei den Amerikanern. Vielleicht ist es doch klüger, nicht Menschen zu brechen, sondern aus ihren Beharrungskräften das Beste zu machen, wie es Mercedes sehr erfolgreich praktiziert, obwohl Schrempp ständig so tut, als sei nur der ständige Wandel Erfolg versprechend.

Leute wie Henzler oder Späth gehen von sich aus. Sie sind Wirtschaftsathleten wie Rall oder Kerschbaumer, wie Schrempp. Sie sind Teil einer Elite. Aber sie übertragen die Anforderungen, die sie an sich selbst stellen und wahrscheinlich erfüllen, auf andere. Das ist der Irrtum. Eine Elite wirft dem Rest vor, nicht so zu sein wie die Elite. Sie möchte den Menschen neu erschaffen nach dem eigenen Bild. Darin liegt Vermessenheit, aber vor allem auch eine Blockade. Denn die Elite ist nicht das richtige Vorbild für

Leute wie Eihusen oder Gross. Sie brauchen andere Maßstäbe, ihrer eigenen Herkunft, Erziehung, Ausbildung an-
gemessene.

Doch der Trend geht in eine andere Richtung. Die Prinzipien Beständigkeit und Sicherheit sind schwer unter Be-
schuss. Gefordert ist nun «Der flexible Mensch», wie der
Titel eines Buches von Richard Sennett heißt. Sennett lehrt
Soziologie und Geschichte in New York und London und
hat sich in dem genannten Buch kritisch mit der «Kultur
des neues Kapitalismus» befasst. Eine längere Passage sei
hier zitiert:

«Vielleicht der verwirrendste Aspekt der Flexibilität ist
ihre Auswirkung auf den persönlichen Charakter. (…) Der
Charakter konzentriert sich insbesondere auf den langfristigen Aspekt unserer emotionalen Erfahrung. Charakter
drückt sich durch Treue und gegenseitige Verpflichtung aus
oder durch die Verfolgung langfristiger Ziele und den Auf-
schub von Befriedigungen um zukünftiger Zwecke willen.
Aus der wirren Vielfalt von Empfindungen, mit der wir alle
uns jederzeit herumzuschlagen haben, wählen wir einige
aus und versuchen sie aufrechtzuerhalten. Diese nachhalti-
gen Züge werden zum Charakter, es sind die Merkmale, die
wir an uns selbst schätzen und für die wir den Beifall und
die Zuwendung der anderen suchen.

Wie aber können langfristige Ziele verfolgt werden,
wenn man im Rahmen einer ganz auf das Kurzfristige aus-
gerichteten Ökonomie lebt? Wie können Loyalitäten und
Verpflichtungen in Institutionen aufrechterhalten werden,
die ständig zerbrechen oder immer wieder umstrukturiert
werden? Wie bestimmen wir, was in uns von bleibendem

Wert ist, wenn wir in einer ungeduldigen Gesellschaft leben, die sich nur auf den unmittelbaren Moment konzentriert? Dies sind die Fragen zum menschlichen Charakter, die der neue flexible Kapitalismus stellt.»

Kurzfristigkeit und Flexibilität spielten nie eine so große Rolle wie in der kurzen Blüte der New Economy, der Internet-Unternehmen, die in der ersten Hälfte des Jahres 2000 die Wirtschaftswelt aus den Angeln zu heben schienen. Es war ein kurzes Fieber, aber die New Economy, die ja nicht tot ist, sondern, stiller jetzt, weiterlebt, gewährte und gewährt einen Blick auf das, was eine McKinsey-Wirtschaft in Reinform ist.

Sie war mal reich, jedenfalls auf dem Papier. Sie hatte EM-TV im Portfolio, Nokia und Yahoo. Sie war schon bei diversen Autohändlern, Probefahrt im S-Type von Jaguar, Probefahrt in einem Porsche Boxster. Makler schickten ihr Exposés für eine Eigentumswohnung, renovierter Altbau, zentrale Lage, am liebsten mit Dachterrasse. Die Exposés kommen immer noch. So schnell lassen Makler nicht locker, einmal auf deren Liste, immer auf deren Liste. Sie öffnet die Umschläge nicht mehr, kein Geld. Sie ist arbeitslos. Ihr Portfolio ist kaum noch etwas wert. Sie verkauft nicht, weil sie dann auch die Hoffnung verlieren würde. Vielleicht kommt der Boom ja wieder. Sie wartet.

Sie hat Volkswirtschaft studiert, sie war Durchschnitt, keine großen Aussichten auf Karriere. Als ihr Bekannte erzählten, sie hätten eine Internet-Firma gegründet, brach sie das Studium ab und stieg bei ihnen ein. Das Gehalt war nicht hoch, ein Teil wurde in *Stock Options* gezahlt, in Optionen auf Aktien der Firma. Zwei Jahre waren die *Stock Options* gesperrt, aber danach durfte sie hoffen, damit viel Geld einzunehmen – wenn der Börsenkurs ihres Unternehmens stark gestiegen wäre. Damit rechnete sie.

Sie arbeitete erst viel, dann sehr viel. Wir haben ein Projekt, sagten ihre Chefs, das hier ist unser Ding, ihr arbeitet für euch, nicht für uns. Sie fand das gut. Die Chefs waren lockere Jungs, keine Krawatte, kein Anzug. Sie sprachen wie sie. Sie arbeiteten fast rund um die Uhr, klar, dass sie das Gleiche tat. Als ein Freund sie fragte, ob es einen Betriebrat gebe, lachte sie. Wozu, fragte sie den Freund. Einen Betriebsrat braucht man, wenn es einen Gegensatz gibt zwischen Kapital und Arbeit, zwischen Chef und Untergebenen. Bei uns gibt es diesen Gegensatz nicht, sagte sie und glaubte fest daran. Es war auch ihre Firma. Sie hatte Optionen auf Aktien.

Ideen, Ideen, sagten ihre Chefs, wir brauchen täglich drei Riesenideen. Sie dachte nur noch an die Firma, redete über nichts anderes, immer im Ton der Begeisterung, manchmal im Ton der Erweckung.

Der Aktienkurs der Firma stieg. Von zwanzig Euro auf dreißig in ein paar Monaten, plötzlich ein Sprung auf siebzig in wenigen Tagen. Das war im Frühjahr 2000. Es ging jetzt ständig aufwärts. Jeden Morgen saß sie in ihrer kleinen Küche und guckte in den Finanzteil der *FAZ*, suchte mit dem Finger den Namen ihrer Firma. Wieder fünf Euro gewonnen. Sie konnte die Optionen noch nicht einlösen, wegen einer Sperrfrist, aber sie begann zu hoffen. Wenn es so weiterging, könnte sie Millionärin werden. Sie wurde nervös, sie fieberte. Sie hielt das Warten auf die Zeitung am Morgen nicht mehr aus, kaufte sich einen kleinen Fernseher und stellte ihn auf ihren Schreibtisch. Sie ließ den ganzen Tag Börsen TV laufen, ohne Ton. Sie interessierte nur das Schriftband mit den ständig aktualisierten Kursen unten auf dem Bildschirm. Ihre Kollegen machten es genauso. Plus, plus, plus, den ganzen Tag plus.

Sie ging zu ihrer Bank, sprach mit einem Anlageberater. Sie verließ die Bank, nachdem sie 20 000 Mark aufgenommen und sofort in Aktien investiert hatte, alles New Economy, voll gepumpt mit Hoffnungen. Da ist viel Phantasie drin, sagte ihr Anlageberater. Sie guckte auf das Schriftband unten auf dem Fernseher. Die Kurse stiegen. Manchmal ertappte sie sich dabei, wie sie vor sich hin lächelte. Ich bin reich, dachte sie, ausgerechnet ich.

In der feudalen Welt entschied über arm und reich die Herkunft, also die Familiengeschichte. Da hätte sie keine Chance gehabt, ihr Vater ist Arbeiter. In der bürgerlichen Welt entschied die Ausbildung, zehn bis zwanzig Jahre. Auch da wäre sie nicht weit gekommen, Uni und Lernen lagen ihr nicht. Im Frühjahr 2000 aber war die Geschichte abgeschafft. Was vorher war, interessierte nicht mehr. Es gab das Jetzt und vor allem das Morgen: Wer jetzt Aktien der New Economy zeichnete, konnte morgen märchenhaft reich sein.

Sie war nervös. Kaufen. Verkaufen. Der schnelle Blick zum Bildschirm, was sagen die Zahlen? Sie war gierig, das räumte sie damals ein. Wenn eine hoffnungsvolle Aktie auf den Markt kam, sagte sie ihrem Anlageberater: Kaufen Sie, was Sie kriegen können. Die kleinen Zahlen hatte sie hinter sich gelassen, sie interessierten nur noch die großen. Sie wurde immer besser im Kopfrechnen. 100 Prozent plus war das, was sie erwartete, mindestens.

Sie hielt sich zugute, dass ihre Gier niemandem etwas wegnehme. Je mehr Aktien nachgefragt werden, desto höher klettern die Kurse, desto besser die Profiterwartungen für alle Anleger. Diese Gier, sagte sie, ist eine gute Gier, und deshalb hatte sie keine Scheu, sie zu zeigen. Während sie über ihr Gehalt nie geredet hatte, erzählte sie jedem von ihren Profiten auf dem Papier. 200 Prozent plus, 300 Prozent plus. Sie hatte glänzende Augen, wenn sie davon sprach. Durch sie wurde die Gier gesellschaftsfähig. Ihre Erzählungen vom großen Geld hatten etwas Leichtes, Gewinnendes. Während jene, die davon berichten, wie sie sich ihr Vermögen erarbeitet haben, immer wie Angeber wirken, war sie der fröhliche Glückspilz, der aber nicht nur Glück hatte wie ein tumber Lotto-König, sondern auch einen guten Riecher. Viele wollten sein wie sie.

Der Erfolg veränderte sie. Sie überdachte ihre Positionen und erneuerte sie. Sie hielt nicht mehr viel vom solidarischen Sozialsystem, weil jetzt jeder seines Glückes Schmied sein konnte. Sie hatte es doch auch geschafft. Aktien statt Rente, ich für mich statt ich für die anderen und die anderen für mich. Sie trat aus der Solidargemeinschaft AOK aus und schloss sich einer privaten Krankenversicherung an. Es war billiger für sie, nur für sich selbst zu sorgen.

Als Studentin war sie gegen Atomkraft, fand Chemie-Multis und Rüstungsfirmen verdächtig und hatte natürlich Shell boykottiert, als der Ölkonzern die Bohrplattform «Brent Spar» im Meer versenken wollte. Nun hatte sie

Shell im Depot, Siemens und ein paar Pharmawerte. Man dürfe das nicht so einseitig sehen, sagte sie. Wenn es der Industrie gut gehe, gehe es uns auch gut. Sie traf immer seltener auf Widerspruch, denn der Börsenboom ließ die Zahl der Kapitalisten wachsen, und damit sank der Einfluss der Gewerkschaften. Sie hatten es verdient, fand sie. Verbissen, sagte sie, halten sie an überzähligen Arbeitsplätzen fest und drücken damit Börsenkurse. Sie war jetzt meist dafür, wenn irgendwo Entlassungen anstanden. Aber sie war nicht herzlos. Sie glaubte fest daran, dass Arbeitsplätze, die in der einen Firma verloren gehen, anderswo neu entstehen und dort mehr Zukunft haben. Im Zweifel, scherzte sie, würde sie selbst kündigen, wenn dies der Aktie ihres Arbeitgebers nützen könnte. Der steigende Kurs würde den Verlust des Gehalts mehr als wettmachen.

Sie war zur Internationalistin geworden. Sollte ihr keiner sagen, Mannesmann hätte ein deutsches Unternehmen bleiben müssen. Kapital kennt keine Grenzen, hätte sie entgegnet. Angelsächsische Härte könne einem rheinischen Unternehmen nur gut tun, Engländer verstünden sich besser auf die Pflege eines Börsenkurses, und darauf käme es schließlich an. *Shareholder Value* konnte sie akzentfrei sagen. Zum Glück hatte sie Mannesmann im Depot und konnte beim Tausch gegen Aktien von Vodafone einen guten Schnitt machen.

Die Internet-Firma, für die sie arbeitete, machte immer größere Verluste, erst in einstelliger Millionenhöhe, dann zweistellig. Aber der Aktienkurs stieg unbeirrt, lag jetzt bei 180 Euro. Ihre Optionen waren Millionen wert. Sie wartete sehnlich auf den Tag, an dem sie sie einlösen durfte. Ihre Firma zog um, weil kein Platz mehr war für all die neuen Leute, die eingestellt wurden. Eine ehemalige Fabrikhalle, toprenoviert, großzügige Räume, viel Licht, moderne Kunst. Es gab keine festen Arbeitszeiten, brauchen wir nicht, sagte der Chef. Jeder kann kommen und gehen, wann er will. Wir sind locker, sagte der Chef. Die Arbeitszeit legte der fest, der als Erster kam und als Letzter ging. Das war nun der Maßstab. Es brach ein kleines Wettrennen aus, wer der Erste am Morgen und der Letzte am Abend sein konnte. Mittags ließ der Chef riesige Sushi-Platten bringen, man aß an seinem Bildschirm. Sie guckte auf die Aktienkurse, während sie California-Rolls in Sojasauce tunkte. Sie war extrem effizient geworden, hohe Verdichtung der Arbeit, dabei noch Pflege des Portfolios, Zahlen, Zahlen.

Die Verluste wuchsen, der Aktienkurs stieg.

Als das Schriftband erstmals 200 Euro anzeigte, brach Jubel aus in der ehemaligen Fabrikhalle. Die Leute sprangen auf, umarmten sich. Der Chef ließ Champagner bringen. Am Kaffeeautomaten verglich man Ferrari mit Porsche, es gab zwei Fraktionen. Nach Ziehen der Option wollten sich die einen im Süden niederlassen und nie mehr arbeiten. Die anderen dachten daran, selbst Unternehmen zu gründen, in der Internet-Branche natürlich. Dort lag die Zukunft. Sie gehörte zur Gründerfraktion.

Zukunft war das große Wort, die Vergangenheit war abgeschafft. Ein Unternehmen wie DaimlerChrysler, dessen Gründer das Auto erfunden hat, ein Unternehmen, das seit Jahrzehnten die besten Autos der Welt baut, interessierte nicht mehr. Sie hatte es nicht im Depot, keine Zukunft, keine Phantasie drin, irgendwie langweilig auch. Sie kaufte Aktien brandneuer Internet-Unternehmen, die keine Geschichte hatten und eigentlich nicht einmal eine Gegenwart. Niemand wusste genau, was sie machen und warum man damit Geld verdienen können soll. Aber man hoffte. Sie hoffte, dass viele hoffen, dass das Internet irgendwie zukunftsträchtig ist.

So schaffte sie nicht nur die Vergangenheit ab, sondern ein Stück weit auch die Realität. Das Hoffen triumphierte über das Sein. Weil so viele Yahoo kauften und nicht DaimlerChrysler, war die Aktie von Yahoo viel teurer, das Unternehmen an den Börsen mehr wert. Was Yahoo theoretisch in die Lage brachte, DaimlerChrysler zu kaufen. Ein paar Jungs aus Kalifornien konnten einen der größten, besten Konzerne der Welt kaufen und nach Belieben umbauen, zerlegen, auflösen. Sie ließ das kalt, solange die Kurse stiegen. Sie war die Frau, die Jürgen Schrempp schlaflose Nächte machte. Schrempp musste alles tun, um zu verhindern, dass sein Konzern gekauft wurde. Die Aktie musste teurer werden, damit sich Yahoo oder andere einen Aufkauf nicht leisten konnten. Also grübelte Schrempp darüber nach, wie er die Anleger für sich gewinnen konnte. Aktionären geht es gut, wenn es den Beschäftigten schlecht geht, heißt, grob gesagt, ein Satz der Börsenwelt. Beschäftigte sind Kosten, und Kosten schmälern den Gewinn. Den Mitarbeitern von Daimler geht es traditionell sehr gut: hoher Lohn, viele Sozialleistungen, wenig Angst um den Job, geregelte Arbeitszeit. Schrempp war versucht wie nie zuvor, einen Teil dieser Traditionen abzuschaffen, also einen Teil der Geschichte von Daimler.

Weil der Anleger es so wollte, wurde überall Vergangenheit gegen Zukunft getauscht. Alte Zöpfe abschneiden nannte sie das, Platz für das Neue schaffen. Mein Wunsch, reich und reicher zu werden, schafft eine dynamische, prosperierende Wirtschaft, satt ausgestattet mit Kapital, unter hohem Innovationsdruck, weil der Börsenkurs steigen muss. Ich bin gut für euch, sagte sie, wenn sie mal auf eine Party ging. Sie ging selten, keine Zeit.

Die Einwände gegen den Triumph der New Economy kannte sie. Wenn Vergangenheit und Gegenwart gegen Zukunft getauscht werden, geht Sicherheit verloren. Ein Unternehmen wie DaimlerChrysler, das ist im Prinzip eine Halle, die mit Maschinen und gut ausgebildeten Menschen gefüllt ist. Ein Unternehmen aus der Internet-Branche, das ist im Prinzip eine Hülle, die mit Hoffnungen gefüllt ist. Hinter dem Börsenwert stand kaum ein realer Wert, sondern fast nur Psychologie. Je mehr die Börsenkurse ins Phantastische stiegen, desto wichtiger wurde die Psychologie.

Als sie das erste Mal ein Minus auf dem Schriftband sah, hielt sie das für eine kleine Korrektur, ein kurzes Schwanken der Stimmung. Tatsächlich gab es am nächsten Tag wieder ein Plus, aber dann kam das nächste Minus. Es ging jetzt nur noch abwärts, der Kurs taumelte in den Abgrund. Fassungslos starrten sie und ihre Kollegen auf das Schriftband am Bildschirm. Es war ruhig geworden in der Fabrikhalle. Niemand sprach mehr über Autos. Die Sushi-Platten kamen nicht mehr, wir müssen sparen, sagte der Chef. Sparen. Ein Wort aus einer anderen, längst versunken geglaubten Welt. Der Kurs sank weiter, wurde zweistellig. Auch die anderen Kurse der New Economy sanken. Es wurde verkauft, verkauft, verkauft, keine Hoffnungen mehr, keine Phantasie.

Sie hoffte bis zuletzt. Als sie verkaufen wollte, war es zu spät. Sie hätte riesige Verluste gemacht. Als die ersten Leute in ihrer Firma entlassen wurden, war sie dabei. Der Kurs stieg nicht. Sie saß jetzt viel allein an ihrem Küchentisch und suchte in den Zeitungen nach Signalen der Hoffnung. Sie kamen nicht. Sie ging eine Zeit lang auf so genannte Pink-Slip-Partys, wo sich Entlassene der New Economy trafen. Dann ließ sie es, zu traurig. Manchmal trifft sie jetzt einen ehemaligen Kollegen, der noch bei der Firma angestellt ist. Sie haben jetzt einen Betriebsrat gegründet, sagt der ehemalige Kollege.

In der ersten Jahreshälfte 2000 breitete sich der Ökonomismus explosionsartig in der Gesellschaft aus. Damals trafen Börsenfieber und Gründerzeit in der New Economy aufeinander. Bis dahin hatten Aktien nur eine kleine Rolle bei der Vermögensbildung der Deutschen gespielt. Man misstraute den Schwankungen, setzte lieber auf das Sparbuch oder zeichnete Staatsanleihen. Großer Reichtum blieb so außer Reichweite, aber man war auf der sicheren Seite. Das änderte 1996 die Deutsche Telekom, als sie ihren Gang an die Börse vorbereitete. Täglich hämmerte Werbung für Aktien der Telekom auf die Bürger ein, und sie begannen, sich erstmals für die Börse zu interessieren. Das konnte so nur der Telekom gelingen, weil sie zwei Images, die sich eigentlich ausschlossen, miteinander verband. Sie war ein Staatsunternehmen, erinnerte immer noch an die gute alte Bundespost und genoss daher Vertrauen auch bei vorsichtigen Menschen. Zudem verbanden sich mit dem Namen Telekom die Worte Zukunft, Innovation. Reich werden ohne Risiko, das war die neue Verheißung. Damit war der Boden bereitet für die New Economy. Die Börse war nun im Blickwinkel der Deutschen, und mit den Internet-Unternehmen verband sich die Hoffnung auf den ganz großen Reichtum, verbunden mit einem kleinen Risiko, wie man zunächst dachte.

Ich habe zuvor nie so drastische Veränderungen bei Menschen erlebt wie zu jener Zeit. Plötzlich redeten alle über Wirtschaft und Börsenkurse. Leute, die sich nie dafür interessiert hatten, lasen plötzlich die Finanzseiten der *Frankfurter Allgemeinen Zeitung*. Als die ersten Leute in meinem Bekanntenkreis Aktien gekauft hatten und von steigenden Kursen berichteten, brach Fieber aus. Nun wollten alle. Auch ich begann in der Möglichkeitsform zu denken: Hätte ich vor zwei Monaten für 10 000 Mark EM TV gekauft, wäre ich jetzt reich, könnte meinen Job kündigen und Romane schreiben. Zweimal war ich kurz davor, Aktien zu kaufen, nachdem mir ein Freund erzählt hatte, eine Firma der New Economy, die irrsinnig zukunftsträchtig sei, ginge demnächst an die Börse. Ob ich nicht einsteigen wolle. Zweimal habe ich es nicht getan.

Ich habe heute zwei Erklärungen dafür, eine pragmatische, eine heroische. Zuerst die heroische: Ich wollte mein Leben nicht ökonomisieren. Ich wollte nicht jeden Tag auf die Finanzseiten der *FAZ* gucken und ständig darüber nachdenken, wann ich zukaufen und wann ich verkaufen soll. Ich hatte keine Lust auf so viele Zahlen in meinem

Kopf. Ich hatte keine Lust, mich ganz der ökonomischen Gier hinzugeben. Ich wollte nicht, dass die Nervosität der Börsen über mein Leben regiert.

Die pragmatische Erklärung: Ich war damals nicht besonders flüssig, hätte einen Kredit aufnehmen müssen und scheute das Risiko.

Je nach Stimmung neige ich mal der einen, mal der anderen Version zu. Auf jeden Fall habe ich an mir selbst wahrgenommen, wie groß die Versuchung der Selbstökonomisierung sein kann, wenn nur die Gewinnerwartungen hoch genug sind. Das war die grundlegend neue Erkenntnis jener Zeit: dass wir uns mehr oder weniger alle vorstellen können, Manager zu sein: die kleinen Manager unseres hoffentlich bald wachsenden Portfolios. Es gab damals Leute, die das bis in die letzte Konsequenz gelebt haben. Sie haben ihren Job gekündigt, um nur noch an der Börse zu spekulieren. Es gab Firmen, die haben Büros an solche Leute vermietet, Büros mit der idealen Infrastruktur für den professionellen Anleger: Laptop mit Internetanschluss, Telefon, Fernseher mit Börsen TV, Abonnements von *FAZ*, *Handelsblatt, Wall Street Journal* und *Financial Times*.

Der Zusammenbruch des Börsenbooms, vor allem die enormen Verluste am Neuen Markt, haben den totalen Ökonomismus gestoppt. In meinem Bekanntenkreis redet niemand mehr über Kurse oder Wirtschaft generell. Fast alle haben Geld verloren. Auch die beiden Unternehmen, die mich in Versuchung geführt haben, bescherten den Anlegern nichts als Verluste. Ich glaube, es gibt sie gar nicht mehr. Ein paar Monate lang herrschte Katerstimmung, nicht nur wegen der verlorenen Träume vom großen Reichtum, nicht nur wegen der verlorenen zehn-, zwanzig-, dreißigtausend Mark. Es war auch das Gefühl, im Geldrausch etwas preisgegeben, eigene Haltungen über den Haufen geworfen zu haben. Wir hatten auch zuvor die Ökonomisierung der Gesellschaft am eigenen Leib erfahren, als Arbeitnehmer, als Bürger, als Patient. Jetzt sahen wir, dass wir dazu nicht nur von außen gezwungen werden, dass wir nicht nur Opfer des McKinsey-Denkens in Wirtschaft, Politik, Kultur, Wissenschaft sind. Wir erlebten, dass unsere Bedenken dahinschwinden, sobald die Aussichten auf Profit hoch genug sind. Wir erlebten, wie tief dieses Denken in uns vorgedrungen ist. Plötzlich waren wir alle McKinsey-Menschen. Das ist der eigentliche Schock des rauschhaften Frühjahrs 2000, der größten Geldparty aller Zeiten. Seitdem wissen wir, warum sich der Ökonomismus so unangefochten durchsetzt, warum wir still zusehen, wie sich unsere Gesellschaft allmählich in ein gigantisches Unternehmen verwandelt.

Ökonomismus ist so erfolgreich, weil er immer das Versprechen von Wohlstand und Reichtum mit sich führt, ein herrliches Versprechen, an das wir alle gerne glauben. McKinsey sagt uns, was uns auch die Börse gesagt hat: Ihr könnt zu Geld kommen, ihr müsst nur ein paar Dinge anders machen. McKinsey empfiehlt uns Effizienz, die Börse machte uns weis, mit ein bisschen Information und ein paar Überweisungen auf die richtigen Konten sei es getan. McKinsey ist uns meist zu anstrengend, der Lockruf der Aktien klang süßer: Deshalb folgten wir der Börse lieber als McKinsey. Aber die Bereitschaft, uns unter die Diktatur der Zahlen zu stellen, ist grundsätzlich da. Das wissen wir jetzt. In unserer grenzenlosen Hoffnung glaubten wir sogar, dass das Logische, Selbstverständliche, seit alters her immer wieder Bestätigte nicht mehr gelten müsste: dass aus Nichts nichts werden kann, dass Unternehmen Gewinne machen müssen, um leben zu können, dass Phantasie in der Wirtschaft nicht Fakten ersetzen kann. Wir dachten, die Welt würde sich für uns noch einmal neu erfinden. Wir haben uns ziemlich getäuscht.

Zunächst sah es so aus, als könnten die Pioniere der New Economy zumindest die Wirtschaft ganz neu erfinden. Sie waren das, worauf McKinsey immer gewartet hatte: jung, innovativ, effizient. Sie waren nicht belastet von dem, was zuvor in der Wirtschaft galt. McKinsey musste sie nicht erst brechen, damit sie bereit waren, noch einmal neu anzufangen und alles anders zu machen. Sie fingen ganz neu an und machten sofort alles anders. Sie waren der Triumph des Super-Ökonomismus, und das Beste war, dass man es nicht merkte. Wirtschaft wirkte plötzlich lässig, freundlich, fröhlich, sogar charmant. Es schien eine Auflösung gefunden für den alten Widerspruch von Ökonomie und Menschenfreundlichkeit. Der Ökonomismus schien ein nettes Gesicht zu bekommen, vielleicht sogar ein gutes Herz.

Als ich Paulus Neef zum ersten Mal sah, stand er mit drei Mitarbeitern vor seinem Büro. Man konnte ihn für einen neuen Kollegen halten oder den mit der langweiligsten Aufgabe. Er hatte ein Lächeln, das sich hinten anstellt. «Das hier ist Paulus Neef», sagte eilig sein Pressesprecher, als sei er peinliche Verwechslungen gewöhnt und wollte einer weiteren vorbeugen. Neef ist schmal und nicht besonders groß. Er trug ein schwarzes Hemd, eine schwarze Hose, keine Krawatte. Im Sommer 2000 war er nicht nur der Chef von der Internet-Firma Pixelpark, sondern der Internet-Deutsche schlechthin, die Galionsfigur der New Economy.

Er war damals, auf dem Höhepunkt seiner Karriere, 39 Jahre alt. Er hat eine spanische Mutter und einen deutschen Vater. Er studierte Marketing in Berlin, gründete danach Pixelpark. Neef und seine Leute gestalten für ihre Kunden Internet-Seiten oder bauen auch mal ein komplettes Internet-Kaufhaus auf. Im Jahr 2000 setzte das Unternehmen 71 Millionen Mark um und beschäftigte 850 Mitarbeiter. Im Oktober 1999 ging Pixelpark an die Börse und machte seine frühen Aktionäre reich, falls sie rechtzeitig verkauft haben.

Während unseres gesamten Gesprächs wurde Paulus Neef eine gewisse Verlegenheit nicht los. Er ließ sich von seinem Pressesprecher coachen. Neef bekam Zeichen, ob er auf eine Frage antworten solle oder nicht, wie ausführlich und mit welcher Tendenz. Neef wirkte sehr weich, nicht nur wegen des Coaches. Als er von einem fehlgeschlagenen Geschäft erzählte, trat ihm das Wasser in die Augen, seine Stimme wurde brüchig. Er war sympathisch dabei. Erfolgreiche Wirtschaft präsentierte sich hier einmal nicht ungerührt und kühl. Die New Economy schien wirklich anders zu sein. Seine Aussagen bestätigten diesen Eindruck:

«Sicher ist das, was wir tun, mehr als wirtschaften und Gewinn machen. Ich sage ja, Geld motiviert mich nicht, sonst würde ich nicht mehr jeden Tag arbeiten. Es geht um die Verwirklichung von Ideen, das hat aber nichts mit religiöser Missionierung zu tun, sondern mit Spaß, bei dem die Grenze zwischen Spaß und Arbeit verwischt wird. Das verunsichert die Leute so. Arbeit ist für viele eine vierzig Jahre lange Leidensstrecke, und ab und zu hat man Freizeit. Die begreifen nicht, dass es bei Pixelpark und ähnlichen Unternehmen keine Nine-to-five-Jobs gibt, sondern dass hier alle begeistert sind.»

«Ein gesichtsloses Unternehmen ist nichts wert, speziell am Neuen Markt geht es ganz stark um den charismatischen Unternehmer. Mir ist schon wichtig, dass mit meinem Namen Glaubwürdigkeit, Innovation und Vordenkertum in unserer Industrie verbunden wird. Wenn es anders wäre, hätte ich etwas falsch gemacht.»

«Ein charismatischer Mensch ist für mich jemand, der es schafft, Menschen zu begeistern, nicht nur für sich, sondern für eine Idee. Es gibt ein sehr schönes Beispiel von Antoine de Saint-Exupéry, wo er sagt: Wie schaffe ich es, die Handwerker zu motivieren, das beste Schiff der Welt zu bauen? Und er sagt: Ganz einfach, du musst die Sehnsucht nach dem großen weiten Meer in die Herzen der Menschen pflanzen. Dann werden sie alles tun, um das beste Schiff zu bauen, weil alle die gleiche Vision haben.»

«Einen Betriebsrat brauchen Sie, wenn Sie zwei Seiten haben und vermittelt werden muss. Wenn es hier den Unternehmer und dort die Mitarbeiter gibt und beide Seiten haben verschiedene Agendas. Nehmen Sie mein Beispiel mit dem Meer und dem Schiff, da brauchen Sie keinen Betriebsrat, weil Sie alles tun für diese Leute, damit die bloß die besten Boote bauen, und das machen die, wenn sie Spaß und größere Freiheiten haben. Dann kommt keiner im Traum auf die Idee, nach geregelten Arbeitszeiten zu fragen.»

«Wir haben zig Cafeterias, ich weiß auch nicht, wie viele. Und dann müssen Sie mal bei uns ins oberste Stockwerk gehen, wo bei anderen Unternehmen der Vorstand sitzt. Wir sind hier im vierten Stock, da oben sitzen unsere Kreativen, im Haus heißt das nur noch: die Kathedrale. Da sind zehn Meter Deckenhöhe, es ist unglaublich. Da gucken Sie weit über Berlin, über den ganzen Güterbahnhof, wie über ein offenes Meer, das sind phantastische Büros – die hätte ich auch lieber. Aber unsere Kreativen legen den größten Wert auf das richtige Environment, also lasst uns denen den besten Platz geben.»

Das klang alles ziemlich gut. Das war ein ganz anderes Gespräch, als man es mit einem Chef eines erfolgreichen Unternehmens der Old Economy hätte führen können. Es klang so, als würden die Mitarbeiter behandelt werden wie Prinzen. Doch konnte man sich keine Illusionen darüber machen, warum das so war: um das Letzte aus ihnen herauszuholen. Die Unternehmer der New Economy konnten zwar wunderbar von ihren Visionen erzählen und sie konnten den Charme des Unverdorbenen, Großzügigen ausstrahlen, aber in einer Sache kannten sie keinen Spaß: Leistung musste genauso sein wie in den alten Unternehmen, eher noch mehr, weil es die Zügelung durch Betriebsräte und Gewerkschaften nicht gab. Zudem war die Belegschaft jung, also leistungsfähig, und nicht von einer Familie abgelenkt. Ältere wurden in Internet-Unternehmen so gut wie nicht beschäftigt.

Mit der New Economy war die oberste Stufe des Ökonomismus erreicht: Man forderte seinen Leuten die denkbar höchsten Leistungen ab, und sie blieben immer fröhlich dabei. Sie spuckten lustvoll in die Hände und schufteten unermüdlich, für die Idee, für die Hoffnung auf Reichtum. Sie waren total flexibel, weil ihre Branche durch den rasenden technischen Fortschritt fast täglich Änderungen unterworfen war. Sie waren total effizient, weil sie ihr enormes Arbeitspensum sonst nicht geschafft hätten. Wegen des schnellen Wachstums der Unternehmen konnten neue Arbeitnehmer nie schnell genug eingestellt werden. Jeder musste ständig für zwei arbeiten. Trotzdem blieb man gut gelaunt. Und mehr als das: Viele wirkten begeistert, erleuchtet. New Economy war auch ein Kult, eine verschworene Gemeinschaft, für die coole Vision von der Internetwelt, gegen die Spießigkeit von Nine-to-five-Jobs und Sozialstaat.

Im Sommer 2000 habe ich Christoph Richter kennen gelernt. Er war 34 Jahre alt und machte für die Firma ricardo.de Auktionen im Internet. Damals stand ricardo.de auf einer so genannten Todesliste. Die Beratungsfirma Price Waterhouse Coopers hatte gemeldet, dass acht deutsche Internet-Firmen vor dem Bankrott stünden, wegen Überschuldung. Richter musste damals damit rechnen, dass er seinen Arbeitsplatz verlieren würde. Aber das machte ihm keine großen Sorgen. Er war ein völlig anderer Typ Arbeitnehmer als Ralph Gross von Mercedes. Er war der ideale Arbeitnehmer für die New Economy. Er hatte keinen geraden Lebensweg hinter sich und legte auch keinen Wert darauf. Er hat Soziologie, Philosophie und Germanistik studiert, aber das spielte keine große Rolle. Es war kein Studium, dem ein fester Berufswunsch zugrunde lag. Richter war auf Wechsel eingestellt, auf Veränderungen. Er suchte nicht den einen Job, sondern Lebensabschnittsjobs. 1999 fand er einen bei ricardo.de. Die Firma bietet Waren im Internet an, auf eigenes Risiko oder im Auftrag anderer. Wer am meisten zahlt, bekommt den Zuschlag. Die Bieter hoffen auf Schnäppchen, die Firma hofft auf einen Verkaufspreis über dem Einkaufspreis. Richter war Auktionator. Er saß in einem Glaskasten, hinter sich die Old Economy, den Hamburger Hafen, vor sich einen flachen Bildschirm und ein Keyboard, sein Zugang zum Internet, zur New Economy. Er hatte halblanges Haar und rauchte viel. Bei der Arbeit lief Musik. Vor den Kunden trat er als «El Guapo» auf, der Hübsche.

Seine Arbeit sah so aus: «So, nun halten Sie sich fest», tippte Richter in sein Keyboard. Die Leute, die zu Hause an ihren Bildschirmen saßen und sich bei ricardo.de eingeklinkt hatten, sahen eine Brille von Versace, Preisempfehlung 329 Mark, Mindestgebot 32 Mark. Wer wollte, konnte nun sein Gebot in den Computer tippen. Die Auktion begann etwas zäh, schaukelte sich über 102 auf 132 Mark.

«Daran hat Monsignore Versace lange gebastelt», schrieb Richter, um seine Kunden zu locken.

162 Mark.

«Zum Ersten», schrieb Richter, «zum Zweiten und zuuuuuuuuuum …»

Er wartete auf Reaktionen der Bieter. Nichts.

«Huch, habe ich Sie etwa erschreckt, das wollte ich doch nicht», schrieb Richter.

Nichts.

«… und zuuuuuuuuuuuuum Dritten.»

Die Brille war für 162 Mark verkauft.

«Suuuuupiiiiiiii», schrieb Richter.

Er sagte mir, dass er bei den Live-Auktionen «ein Erlebnis herstellen» wolle, die Leute mit fröhlichen Kommentaren «aus der Reserve locken». Er schreibe mit einer «gewissen Poesie», sagte er. Richter war damals ein kleiner Star des Internets. Täglich trafen zwanzig, dreißig E-Mails ein, viele von Frauen, die ihn treffen wollten. Er selbst, sagte er, würde nicht an Auktionen teilnehmen wollen. «Mir liegt das alles ein bisschen fern, ständiger Konsum, ständig kaufen.»

Damit hatte er ein Ziel der McKinsey-Welt ziemlich gut zusammengefasst: ständiger Konsum. Sein Job war in mehrfacher Hinsicht typisch für diese Welt. Zum einen zielt das McKinsey-Denken darauf, die Konsumzeiten ständig zu verlängern, durch Ausdehnung des Ladenschlusses, durch Rund-um-die-Uhr-Verkauf via Fernsehen oder Internet. Zum anderen ist die Auktion jene Form des Handels, die dem Ökonomismus am deutlichsten entspricht. Bewegliche Preise schaffen bei Konsumenten die Nervosität, die so typisch ist für die McKinsey-Welt. Wie an der Börse muss man den idealen Zeitpunkt abpassen, um sein Gebot zu machen, muss sich Taktiken und Strategien zurechtlegen. Man weiß aber nie, ob nicht zu einem anderen Zeitpunkt oder bei einer Auktion an einem anderen Ort ein noch besserer Preis zu erzielen gewesen wäre. Die Auktion versetzt Käufer und auch Verkäufer in Preisfieber, hält sie mit Gedanken über Preise in Atem und führt so zur weiteren Ökonomisierung des Alltags. Sie ist ein Wettbewerb: ich gegen den Verkäufer und ich gegen alle anderen potenziellen Käufer. Man muss kompetetiv sein, gewinnen wollen. Zudem hat die Auktion den Charakter eines Spiels. Die Auktionen von Richter waren eine Form von Unterhaltung, von Freizeitbeschäftigung. Die Freizeit mit Konsum auszufüllen, den Kauf zur Nebensache eines angenehmen Zeitvertreibs zu machen ist die höchste Form des Ökonomismus. Ihr Vorbild hat sie in der Butterfahrt, deren Kundenkreis aber ziemlich begrenzt war.

Als ricardo.de am 21. Juli 1999, nach einjähriger Existenz, an die Börse ging, lag der Emissionskurs bei 28 Euro. Innerhalb eines Jahres sank der Kurs zunächst bis auf 20,50 Euro, kletterte dann auf 213 Euro und sank bis zum 15. August auf 28,90 Euro. Bald darauf wurde das Unternehmen vom britischen Konkurrenten QXL übernommen. Bis dahin waren Millionenverluste aufgelaufen.

In dieser kurzen Zeit hatten die Mitarbeiter sich wegen der *Stock Options* reich rechnen können und dann arm, sie waren die Helden einer neuen Gründerzeit und die Deppen, denen man nichts mehr zutraute. Sie haben die Gründung eines Unternehmens erlebt, den Gang an die Börse und das Ende der Selbständigkeit. Es kamen ständig neue Mitarbeiter, man musste umziehen aus Platzmangel, man musste ständig etwas Neues erfinden. Das Wort, das sie am häufigsten sagten, hörten und dachten, war Speed. Es waren allesamt junge Leute wie Richter, aber auf mich wirkten sie merkwürdig alt. Sie sprachen wie Veteranen, wie Leute, die seit 30 Jahren dabei sind und schon alles erlebt haben. «Früher», sagte einer von ihnen zu mir, «als man hier noch jeden kannte …» Der Zeitpunkt, den er meinte, lag gerade mal acht Monate zurück. Tatsächlich hatten die Mitarbeiter in ein, zwei Jahren praktisch alles erlebt, was man in einem Unternehmen erleben kann. So schaffte die New Economy auch einen neuen Menschen: den jungen Alten.

Wenn man Leben und Arbeit von Ralph Gross und Christoph Richter vergleicht, findet man wenig Gemeinsamkeiten.

Für Gross gelten die Substantive: Sicherheit. Beständigkeit. Bedächtigkeit. Ernst.

Für Richter gelten: Wechsel. Nervosität. Schnelligkeit. Spiel.

Richter konnte sich selbstverständlich nicht vorstellen, ein Leben lang Auktionator bei ricardo.de zu sein. Er wollte den Job eine Zeit lang machen und sich dann etwas Neues suchen, etwas, bei dem er seine poetische Ader stärker zur Geltung bringen kann. Auf die Frage, ob er zufrieden sei mit seinem Job, sagte er: «Im Moment ist es okay.» Ein solcher Satz würde Gross niemals einfallen. Für ihn zählt nicht der Moment, sondern die Verkettung möglichst vieler Momente zu Jahren. Für Richter wiederum wäre undenkbar, zu leben und zu arbeiten wie Gross.

Aber niemand würde das von ihm verlangen oder ihn dazu auffordern. Während des Booms der New Economy galt er als Ideal, als Held einer neuen Arbeit. Unter Druck kamen Leute wie Ralph Gross, weil sie nach herrschender Meinung in einer alten Industrie zu gut versorgt und zu wenig gefordert waren. Es geriet in Vergessenheit, dass Leute wie Gross das beste Auto der Welt bauen und dieses Auto für Mercedes richtig viel Geld abwirft (Geld, mit dem Schrempp die Globalisierung seines Konzerns finanziert). Richters Arbeit war dagegen ökonomisch sinnlos, weil praktisch jede gelungene Auktion neue Verluste anhäufte.

Hinter der New Economy stand auch die Hoffnung, dass sich Arbeitsverhältnisse entspannen können, dass der Gegensatz von Arbeit und Kapital, der oft hemmend ist, weitgehend aufgelöst wird. Aber das funktionierte nur im Erfolg. Als die Blase platzte, als die alten Gesetze der Wirtschaft wieder gültig wurden und die Börsen notorische Verlustunternehmen nicht mehr wie Hoffnungsträger behandelten, sondern wie notorische Verlustunternehmen, brach die Einigkeit in der New Economy auseinander. Die Inhaber der Firmen verhielten sich in der Krise nicht anders als die Chefs der klassischen Unternehmen. Die Löhne wurden gekürzt, Leute entlassen, Sonderleistungen abgebaut. Zudem schwand die Hoffnung auf Reichtum für alle Mitarbeiter, und die Ideen und Visionen verblassten.

Die Arbeitnehmer fühlten sich getäuscht. Sie hatten alles gegeben, und nun blieb die Belohnung aus. Sie reagierten wie die Arbeitnehmer anderer Branchen. Sie gründeten Betriebsräte, forderten feste Arbeitszeiten und verließen sich auf die Solidargemeinschaft, nahmen Arbeitslosengeld in Anspruch, auch wenn das vorher als ziemlich uncool gegolten hatte. Ihr Ziel war nicht mehr das große Glück, sondern die kleine Zufriedenheit des Arbeitnehmers. Das hatte auch etwas Trauriges.

So stellte sich das Alternativmodell New Economy als reine Erfolgsgemeinschaft heraus. Die totale Flexibilität und Effizienz war nur erreichbar über die Aussicht auf Belohnungen, wie sie Arbeitnehmer bis dahin nicht gekannt hatten, wie sie auch nur als Fiktion möglich waren, nicht in der Realität. In der Zeit nach dem Zusammenbruch herrschte eine ähnliche Katerstimmung wie bei jenen, die vom Börsenfieber gepackt worden waren. Ohnehin war die Schnittmenge beider Gruppen sehr hoch. Man hatte sich vollständig ökonomisiert, war vom Menschen mit vielfältigen Interessen zum reinen Arbeitnehmer geworden und musste sich nun fragen, was einen so weit gebracht hatte. Die Antwort lautete entweder Gier oder Visionsgläubigkeit oder beides.

Egal, wie man das bewertet: Es war ein Irrtum. Es hat nicht funktioniert. Der Anspruch auf Athletismus in der Wirtschaft war nur durchzuhalten, solange die Interessen von Arbeitgebern und Arbeitnehmern, von Kapital und Arbeit deckungsgleich waren, weil die Arbeitnehmer sich als Kapitalisten fühlten. In Wahrheit jedoch blieb der Gegensatz erhalten.

Angesichts dieser Bilanz stellt sich die Frage, was eigentlich dafür spricht, die Prinzipien der Wirtschaft zum Modell für alle Lebensbereiche zu machen. Die New Economy, eine Ausgeburt an Super-Effizienz und Super-Flexibilität, ist im ersten Anlauf gescheitert. Diese Prinzipien waren nicht in der Lage, eine Branche insgesamt über einen sehr kurzfristigen, irrationalen Boom hinaus zu etablieren. Geblieben ist die Old Economy mit ihrer vergleichsweise langfristigen Ausrichtung, die aber als Folge des Börsendrucks immer mehr infrage gestellt wird. Wobei das Überraschendste der Recherche bei DaimlerChrysler war, wie wenig effizient und beweglich ein solcher Konzern tatsächlich wirkt, trotz aller Hilfe von McKinsey und anderen Unternehmensberatern.

Als wir zum Beispiel um einen Termin mit Gary Cash und Gerhard Wolf gebeten hatten, saßen uns, als das Gespräch zustande kam, fast zwanzig Mann gegenüber. Es wurden endlose Reden gehalten, von drei Leuten, die anderen sagten nichts, saßen da und tranken Mineralwasser und nickten manchmal. Der Overhead-Projektor summte, wir lasen und hörten Kolonnen von Zahlen und gekoppelten Substantiven, die am Ende zu großbuchstabigen Abkürzungen zusammengefasst wurden. Nach zwei, drei Stunden waren alle sehr müde, aber es ging immer weiter. Ich fragte mich, wieso all diese Leute über so lange Zeit entbehrlich waren. Ähnlich war es in Detroit bei Liberty, dem Entwicklungszentrum von Chrysler: fünfzehn Leute, Overhead-Projektor, lange Reden, ein bisschen lustiger und lockerer als sonst im Konzern üblich, aber keine Spur von Direktheit, Tempo oder gar Effizienz.

Uns gaben die Recherchen bei DaimlerChrysler manchmal ein Gefühl von Sowjetunion, von einem großen, trägen Reich, das sich bemüht, alles zu kontrollieren, alles im Griff zu behalten, und dabei in Umständlichkeit und Behäbigkeit versinkt. Bis dann wieder McKinsey gerufen wird und ein erneutes Ringen um Effizienz beginnt. Nie hatten wir den Eindruck, dass hier eine Avantgarde sitzt, die einer Gesellschaft Vorbild sein kann.

McKinsey-Religion:
Der Triumph des Geldgottes

Gibt es das überhaupt noch? Einen Bereich, der anders funktioniert als die Wirtschaft, einen Bereich, in dem nicht Effizienz das Ideal ist, nicht Leistungsfähigkeit das oberste Kriterium, einen Bereich, in dem Organisationen nicht Unternehmen genannt werden, Menschen nicht Manager, einen Bereich, in dem nicht jeder, der etwas will, als Kunde angesehen wird? Als Erstes müssten einem dazu die Kirchen einfallen. Wer, wenn nicht die Kirchen, sollte eine Alternative bieten zur durchökonomisierten Welt? Aber wer sich die Kirchen in dieser Hoffnung genauer anschaut, erlebt eine Enttäuschung.

Der McKinsey-Pfarrer

Zuerst sah ich ihn auf der Titelseite des Wirtschaftsmagazins *brand eins*. Er saß auf einem Stuhl, trug einen schwarzen Talar und eine weiße Halskrause. Seine rechte Hand stützte das Kinn, er sah nachdenklich aus. Quer über seinen Körper war das Wort «Dienstleistung» gedruckt. Dies war das Thema der Titelgeschichte. Offenbar diente der Mann im Talar als Beispiel für einen Dienstleister. Im Heft wurde er unter der Überschrift «Spirituelle Marktwirtschaft» vorgestellt. Darunter war zu lesen: «Axel Denecke ist ein Pastor mit Visionen: Er will aus der Kirche ein modernes Dienstleistungsunternehmen machen – und seinen faulen Kollegen Beine.» Später wird er mit dem Satz zitiert: «Ich bin Dienstleister im geistlichen Sinn und konkurriere mit anderen Anbietern auf dem Markt für Sinn-Angebote.» Er sagt auch, dass er «gute Ware» offerieren wolle.

Ich habe Denecke daraufhin besucht. Er ist Pfarrer der Hauptkirche St. Katharinen in der Hamburger Innenstadt. Es ist eine schöne, alte Kirche mit einem grünen Kupferdach. Deneckes Büro ist mit Holz getäfelt und hat so sicher auch schon vor dreißig Jahren ausgesehen. An der Wand hinter dem Schreibtisch hängt natürlich ein Kreuz.

Denecke ist ein Mann mit wachen Augen. Als ich bei ihm war, trug er ein kariertes Hemd, darüber eine gestreifte Weste und ein kariertes Sakko. Seine Krawatte war gepunktet. Er stammt aus Leipzig, hat evangelische Theologie studiert und ist Professor für Praktische Theologie in Hamburg.

Was man von Denecke nicht haben kann, ist eine entschiedene Gegenposition zur McKinsey-Welt. Ein Wort, das er häufig benutzt, ist «ambivalent». Er sagt zwar Sätze wie: «Der Mensch lebt nicht nur vom Brot allein», kommt dann aber schnell mit einem «aber». Die Kirche, sagt er, sei «in die Gesellschaft eingeflochten», und deshalb könne sie nicht in grundsätzliche Opposition treten zum herrschenden Geldprinzip.

Die Predigt nennt er «eine Dienstleistung am Kunden, Kunden in Anführungsstrichen». Demnach ist auch der Kirchenbesucher ein Kunde, aber nicht so ganz. Es ist eben «ambivalent», was in der Kirche vorgeht. Eindeutig aber ist die Kirche ein Unternehmen, wie Denecke findet. Er selbst sieht sich «auch als Manager». Den Menschen, sagt er, solle man nicht nach seiner Leistung messen, und doch möchte er das Leistungsprinzip und Leistungskontrollen für Pfarrer einführen. Wieder so eine Ambivalenz. Er wünscht sich Kollegen, die effizient arbeiten. Manche seien faul.

Ein Papier, das Denecke mit anderen Hamburger Hauptpastoren geschrieben hat, wird von *brand eins* als «eine Art marktliberales Manifest» beschrieben: «Die Reformatoren fordern mehr Kundenorientierung und wollen Dienstleistungen wie Taufen und Hochzeiten künftig auch Nichtmitgliedern gegen Gebühr anbieten. Schnupper-Mitgliedschaften sollen genauso möglich sein wie die freie Wahl der Gemeinde. Außerdem sollen die Pastoren mit einem individuellen Profil um die Kundschaft werben – auf dass Konkurrenz das Geschäft belebe.»

Das angesprochene «Manifest» las sich für mich, dem Duktus nach, wie ein Papier von McKinsey. «Qualität und Kompetenz müssen die zentralen Merkmale aller Entscheidungsträger sein», heißt es zum Beispiel.

Auf die Frage, ob er sich McKinsey als Berater für seine Kirche vorstellen könne, nickte Denecke heftig mit dem Kopf. Auf jeden Fall könne er das. Allerdings – er reibt Daumen und Zeigefinger aneinander – habe er kein Geld, um McKinsey zu bezahlen.

Derzeit braucht Denecke vor allem Geld, um den Turm seiner Kirche zu restaurieren, denn er droht abzufallen. Ist er eingerüstet, möchte Denecke eine Werbeplane drum herum hängen. Vielleicht könne man so 50 000 Euro einnehmen. Allerdings komme nicht jedes Unternehmen infrage. Für Beate Uhse soll sein Kirchturm nicht werben. Die Telekom könnte sich Denecke aber schon vorstellen.

Wenn Denecke Glück hat, kommt McKinsey vielleicht doch noch zu ihm. Die Firma hat ein so genanntes «Pro Bono»-Programm und berät kostenlos Einrichtungen, die sich die Honorare nicht leisten können. Davon hat auch schon die evangelische Kirche Gebrauch gemacht, in München. Der Dekan dort, Helmut Ruhwandl, sagte mir, die Kirche sei «ein internationales Non-Profit-Unternehmen, das schon 2000 Jahre besteht». Bei dieser Haltung ist es nur logisch, dass er sich McKinsey ins Haus geholt hat, damit die Berater einmal nachschauen, wie die Kirche effizienter arbeiten kann. Ruhwandl sagte auch, die Kirche sei ein «normaler Betrieb», von den Gläubigen sprach er als «Kunden».

Peter F. Barrenstein ist Director bei McKinsey und Vorstandsmitglied des Arbeitskreises Evangelischer Unternehmer. In einem Aufsatz in der *Süddeutschen Zeitung* hat er im März 2002 begründet, warum es vernünftig ist, dass McKinsey die Kirche berät. Der Titel über seinem Aufsatz hieß: «Gottes Hände tragen uns». Der Untertitel: «Was die Kirche von der Wirtschaft lernen sollte». Barrenstein schrieb, «erfolgreiche Unternehmen begeistern ihre Mitarbeiter mit Visionen und schaffen herausragenden Nutzen für ihre Kunden». Also sind Unternehmen Vorbilder für die Kirche. Barrenstein empfiehlt Effektivität und Effizienz.

Wer denkt, die katholische Kirche sei traditioneller orientiert und deshalb unangefochten vom McKinsey-Denken, der irrt. Der Vorsitzende der Deutschen Bischofskonferenz, Kardinal Karl Lehmann, hatte die Propheten der Effizienz in seinem Mainzer Bistum zu Gast, außerdem das Bistum Essen, die Diözese Osnabrück und das Sekretariat der Deutschen Bischofskonferenz in Bonn. Die *Süddeutsche Zeitung* zitiert einen von Lehmanns McKinsey-Beratern mit dem Satz: «Die Kirche hat immer noch einen tollen Markenwert.» Aber hat sie dann auch noch ein Geheimnis und ist sie dann noch eine Alternative?

Wie kann man Glauben effizient vermitteln? Was ist das Preis-Leistungs-Verhältnis einer Grabrede? Was ist der *Unique-Selling-Point* einer Predigt? Wann erreicht ein Pfarramt den *Break-even*? Und wie schöpfen Gläubige ihre Konsumentenrente am besten aus? Wenn etwas nicht zusammenpasst, dann sind das Transzendenz und Effizienz. Wenn sich die Kirche, als Ort von Spiritualität, den gleichen Gesetzen unterwirft wie ein Unternehmen, dann hat sie ihren Zweck verfehlt, dann verliert sie ihre Daseinsberechtigung. Ihr Ort ist nicht nur in der Welt, sondern außerhalb davon. Sie soll die Alternative bieten zum Weltlichen, und das Weltliche unserer Tage ist zum großen Teil das Ökonomische. Natürlich ist es die Vorstellung der Kirche, dass nur der Apparat ökonomisiert wird, der Inhalt aber unangefochten bleibt. Aber können das verschlankte Bistum und der immerzu rechnende Pfarrer den außerweltlichen Trost bieten, den die Kirche bieten soll? Streamlined by McKinsey: Dieses Emblem würde mich bei einer Kirche zuallererst abschrecken. Mich könnte das Kreuz eher trösten als ein hübsch gestyltes Logo. Ich säße lieber mit einem Pfarrer zusammen, der nicht auf die Uhr gucken muss, weil er seinen Tag effizient zu gestalten hat. Obwohl ich nicht

Mitglied einer Kirche bin, fand ich es immer tröstlich, dass es eine Gegenwelt gibt, die mich auffangen könnte, wenn ich an der Welt, in der ich lebe, verzweifeln sollte.

Die Kirche macht den gleichen Fehler wie die Politik, wenn sie meint, man könnte die Strukturen und Instrumente der Wirtschaft übernehmen, um seine Inhalte zu verkaufen, und die Inhalte blieben davon unberührt. Wie in der Politik würden die Strukturen auch die Inhalte verändern und damit die Glaubwürdigkeit. Wenn es erst darum geht, wie man sich und seine Inhalte «verkaufen» kann, wird aussortiert. Was passt von der Bibel in die heutige Zeit, was ist eingängig, luftig genug, um es unters Volk zu bringen? Von der Bibel bliebe ein Fragment. Das Christentum würde auf seine werbewirksamsten Aussagen reduziert. Wäre es dann noch das Christentum?

In der *Süddeutschen Zeitung* hat Jürgen Werner einen klugen Aufsatz zu diesem Thema geschrieben. Er ist katholischer Theologe, Managementberater und Professor für Philosophie und Rhetorik an der privaten Universität Witten/Herdecke. Eine längere und eine kürzere Passage daraus seien hier zitiert:

«Nicht die Kirche hätte von der Wirtschaft zu lernen nach irgendeinem Best-Practice-Modell, sondern die Ökonomie von der Kirche. Wer hier Anpassung fordert, und sei es auch nur eine Adaption der Strukturen an moderne Management-Instrumente, der verkennt, dass diese einer Ideologie gehorchen, zu der schon die Existenz der Kirchen einen Widerspruch darstellt. Nicht das ist der Leitgedanke, ‹mit möglichst wenig Mitteleinsatz das bestmögliche Ergebnis› zu erzielen, wie es in schönster Berater-Manier klingt. Vielmehr kommt alles darauf an, zu verstehen, dass eine bestimmte Ineffizienz, Umständlichkeit und Umwegigkeit zur praktischen Konsequenz einer lebensweltlichen Botschaft gehören, die das Misslingen gerade nicht «als Killerapplikation» betrachtet, sondern den Ort, an dem sich Menschen als menschlich erweisen sollen, weil der Gott, von dem die Rede ist, sich als ein Liebender vorstellt, der es im Äußersten ausgehalten hat. Die Kirche ist eine Spezialistin des Scheiterns und identifiziert dieses – wider alle ökonomische Vernunft – als Inbegriff eines geglückten Anfangs. Wie sollte man sonst erklären, dass der Tod eines Menschen am Kreuz als Grund bezeichnet wird für die Lebendigkeit des Menschlichen?»

Zum Thema McKinsey in der Kirche schreibt Werner: «Die Kirche, die sich diesem Sog nicht entzieht, begeht Götzendienst. Denn in dem Maße, wie sie den Problemlösern das eigene Haus überlässt, verliert sie den Respekt vor dem, was sich nicht fassen lässt. Früher hieß das Fassungslose Geist, heute ist es ein Skandal für jede Controller-Mentalität. Als Expertin des Fassungslosen hat die Kirche mehr verdient als Ratschläge dieser Art. So wie auch sie selbst mehr bietet als Rat: Sie hat Trost.»

Wenn ich in Hamburg bin, steige ich meistens im Hotel «Side» ab. Von außen ist es eher unauffällig, innen hat es die Anmutung einer Kathedrale. Die Empfangshalle ist schmal und hoch wie ein Kirchenschiff. Die Rezeption steht frei im Raum wie ein Altar, die Bediensteten tragen lange schwarze Jacken, streng geschnitten, und sehen darin wie Priester aus. Die ganze Atmosphäre ist erhaben und feierlich. Betont wird das durch die Videobildschirme, auf denen meistens schöne große Fische durch die Tiefen eines Ozeans schweben. Es herrscht Stille. Das Hotel nimmt sich die Kirche zum Vorbild, um seinen Gästen Geborgenheit zu geben. Hier dient das Religiöse den Gewinninteressen eines Unternehmens. Im «Side» wird mir immer klar, wie austauschbar das alles ist. Die Kirche imitiert die Strukturen eines Unternehmens, ein Hotel imitiert den optischen Eindruck einer Kirche.

Im «Side» wird mir auch klar, dass das Bedürfnis nach Spiritualität, nach Erhabenheit und Trost nicht nachgelassen hat. Wahrscheinlich bleibt es über die Jahre ungefähr gleich, auch über die Jahrzehnte. Aber die Kirche ist eben nicht mehr allein. Es gibt andere Religionen, Esoterik, Sekten, vor allem aber die Religion des Geldes.

McKinsey selbst wirkt mitunter wie eine Kirche, die Botschaft von der heilsbringenden Effizienz wie eine Religion. Die Berater treten auf, als kennten sie große, tiefe Wahrheiten, und im Ton des Hohepriesters werden diese Wahrheiten verkündet. Es ist die Botschaft von einem besseren Menschen und einer besseren Welt, vom Heil durch Effizienz und Leistung, messbar in Umsatz, Gewinn, Gehalt, in Geld also. Die Gemeinschaft der Mitarbeiter ist auf diesen Gedanken bedingungslos eingeschworen, dient ihm mit beinahe zolibatärem Einsatz und umgibt sich mit der Aura eines Geheimnisses, einer Erleuchtung, die nur einem kleinen Kreis von Auserwählten widerfahren kann, einer Priesterkaste. Dieses Verschworene ist ein Teil des Erfolges, weil es beeindruckt, fasziniert und auch leisen Schrecken verbreitet. Wenn McKinsey in ein Unternehmen gerufen wird, sind die Probleme dort oft so groß, dass sie den Auftraggebern nur mit fast überirdischer Kraft lösbar scheinen, und es ist durchaus erwünscht, dass den Mitarbeitern ein Schrecken in die Glieder fährt, wenn der Name McKinsey fällt. Das mobilisiert Reserven und bereitet auf schlechte Nachrichten vor. Von den Beratern geht die Aura einer schrecklichen Größe aus, gegen die der Mensch, der nicht zu den Auserwählten zählt, klein wirkt. Ähnlich wie die Kirche ist McKinsey vor allem in der Krise gefragt. Wer sich an die Berater in den dunklen Anzügen wendet, sucht Trost und Zeichen der Hoffnung. Die blauen Mappen, in denen Besserung in Aussicht gestellt wird, überreicht man mit einer Feierlichkeit, die dem Abendmahl nicht nachsteht. Der Gott der McKinsey-Welt ist in diesen Mappen.

Vor allem in der New Economy haben Unternehmen häufig einen Hauch des Religiösen. Viele der jungen Gründer sind von missionarischem Eifer getrieben und schwören ihre Belegschaft ein wie eine Sekte. Mesmerisiert von der Aussicht auf viel Geld, von der Verheißung eines Unternehmens als Gemeinschaft Gleichgesinnter, halb betäubt von der Arbeitsbelastung, wirkten die Mitarbeiter vor allem in der Boomphase wie die Jünger ihrer Chefs. Ich habe einmal erlebt, wie eine Mitarbeiterin der Mediaagentur Razorfish einen Abend lang in völliger Verzauberung von ihrem Unternehmen erzählt hat. Der Unterschied zu einer religiös Erleuchteten war minimal, wenn überhaupt vorhanden. In der Zeitschrift *brand eins* wurde beschrieben, wie der Chef von Razorfish, Jeff Dachis, vor seinen Mitarbeitern auftrat: «Und jetzt steht da vorn dieser unrasierte, bleiche Mann im schwarzen Anzug, der predigt wie eine Uzi. Der sich traut,

Wörter zu benutzen, die sich für nette junge Leute einfach nicht gehören: Fanatisch müssten sie sein, militant missionarisch. Er wolle mit ihnen zusammen eine neue Zukunft bauen. Eine digitale Zukunft. Als habe noch irgendjemand im Raum daran gezweifelt, stellt er klar: I am a capitalist. Not a social capitalist. Just a capitalist.»

Nie waren sich Religion und Wirtschaft näher als in der Boomphase der New Economy. Vom Prinzip ist viel geblieben. Es gibt kein größeres Unternehmen mehr, das nur ein Produkt verkauft. Es geht immer auch um eine Botschaft, eine Botschaft der Erlösung, erhältlich nicht durch Gebet, sondern den Kauf von Autos, Zigaretten, Rasierklingen.

Neben den Unternehmen tritt die Biotechnik in Konkurrenz zu den herkömmlichen Religionen. Als der Genforscher André Rosenthal, der McKinsey-Biologe dieses Buches, in der Hamburger Universität eine Rede gehalten hatte, kam es beim Empfang danach zu folgender kleinen Szene: Zum Ausklang des Abends wird Wein getrunken, Rosenthal zieht ehrfürchtige Blicke auf sich, der Wissenschaftler als Star. Mancher guckt so von unten, als suche er eine Spur vom Göttlichen in Rosenthal, als habe er hier einen neuen Herrn der Schöpfung vor sich, einen neuen Gestalter des Menschen. Nach und nach trauen sich die Leute heran, konkurrieren um ein paar Worte mit Rosenthal, bis schließlich Hans-Jochen Jaschke an der Reihe ist, der Weihbischof von Hamburg. Es wäre die Chance für eine der wichtigsten und ältesten Diskussionen der Menschheit: Was erlöst uns, der Glaube oder die Wissenschaft?

Jaschke ist freundlich, vorsichtig. Er hat Fragen. «Der

liebe Gott kommt mit all dem zurecht», sagt er, «aber was ist mit uns? Können wir es verkraften, wenn man die Präimplantationsdiagnostik erlaubt und das Leben nicht von Anfang an unantastbar ist?» Sein ganzes Gehabe ist defensiv, als könnte man die christlichen Argumente, die 2000 Jahre alt sind, nicht mehr den Strapazen eines Angriffs aussetzen.

Rosenthal dagegen zeigt sich von seiner arroganten Seite. Von oben herab wirft er Jaschke «Scholastik» vor und meint theorieselige Verknöcherung. Er ist messianisch, offensiv, auch er hat ein Heilsversprechen, aber ein modernes, nicht für die Seele, für den Körper. Damit ist er im Vorteil, weil wir in einer Körperwelt leben, nicht mehr in einer Seelenwelt. Das Gespräch ist bald beendet, weil sich ein Mann, der Rosenthal unbedingt seine Bewunderung mitteilen muss, dessen Aufmerksamkeit erdrängelt.

Nichts bringt die Kirche so in die Defensive wie die Genforschung. Die Hoffnung auf den besseren Körper greift den Glauben an die Schöpfung unmittelbar an: Wenn das Schicksal abgeschafft wird, weil der Mensch den Menschen nach Gutdünken erschaffen und verändern kann, verliert die Kirche den größten Teil ihrer Daseinsberechtigung. Denn sie kümmert sich vor allem darum, dass die Menschen ihr Schicksal ertragen können, auch wenn es nicht günstig ist, gibt Trost gerade bei Schicksalsschlägen, deren schlimmste Krankheit, Behinderung, Tod sind.

Die Biotechnik kann nur zum großen Heilsversprechen werden, weil die Botschaft der Kirche weitgehend unerhört bleibt oder nicht geglaubt wird. Für den Menschen, der unter großem Effizienz- und Leistungsdruck steht, hat die Bibel kein großes Versprechen, keinen großen Trost. Jesus war nicht effizient, wollte es nicht sein. Eine Botschaft, die vordergründig viel besser in unsere Zeit passt, haben die modernen Gurus der Leistungsstärke zu bieten.

Wie immer zieht er einen guten Anzug an. Er gelt sein Haar, steckt die Siegelringe über die Finger. Eine schwere Uhr, Manschettenknöpfe. Man soll sehen, dass er Geld hat. Das ist Teil der Botschaft. Er steigt in sein Auto, einen Bentley, den er nicht mehr lange fahren wird. Bentley gehört jetzt Volkswagen. Was verstehen sie in Wolfsburg schon von Luxus? Kein Chauffeur, er fährt selbst, er hat Spaß dran.

Der Saal, zu dem er fährt, ist seit Wochen ausverkauft, das weiß er, ein paar Hundert Leute. Als er vor dem Hintereingang parkt, sind sofort zwei Bodyguards bei ihm. Man weiß nie, es gibt eine Menge Neid in der Welt. Hinter der Bühne prüft er noch einmal sein Haar. Er hört die Leute, ihre Stimmen, ihre Spannung. Ein Assistent gibt ihm das kabellose Mikrofon. In der Halle macht ein Einpeitscher die Leute heiß, ruft seinen Namen, die Vokale sehr lang gedehnt. Er fasst in seine rechte Hosentasche, ein letztes Vergewissern. Dann stürmt er los. Er rennt fast auf die Bühne, Gehen wirkt so lahm. Dynamik von Anfang an. Dann steht er da, die Scheinwerfer auf sich gerichtet. Die Leute klatschen, jubeln. Er macht eine beruhigende Geste. Es wird still, er wartet auf die absolute Stille.

Wisst ihr, was ich hier habe?, fragt er.

Seine rechte Hand gleitet in die Hosentasche, zieht einen Geldschein hervor, hält ihn hoch.

Wisst ihr was das ist?

Ein Geldschein, ruft jemand.

Genau, sagt er, ein Geldschein, fünfhundert Euro.

Er winkt mit dem Schein, dann stürmt er plötzlich vor, springt von der Bühne, er ist gut in Form, trainiert täglich, eine Stunde im Wald, eine halbe an den Maschinen.

Wisst ihr, ruft er, wie sich fünfhundert Euro anfühlen? Er hält den Geldschein den Leuten in der ersten Reihe hin. Sie strecken ihre Arme aus, befühlen den Schein.

Gut, sagt er, gut fühlt sich das an, was für ein schönes, sinnliches Gefühl.

Er geht weiter durch die Reihen, lässt die Leute den Geldschein abtasten.

Ah, gurrt er, herrlich, nicht wahr, schon mal was Schöneres gefühlt? Das schönste Gefühl der Welt, na ja, vielleicht das zweitschönste. Er grinst. Die Leute lachen.

Er springt zurück auf die Bühne und zerknüllt den Schein über dem Mikrofon. Ein lautes Knistern und Rascheln erfüllt den Saal.

Tolles Geräusch, oder?, ruft er.

Wisst ihr, sagt er, dass ich ständig einen solchen Schein in der Hosentasche habe? Damit ich ihn immer fühlen kann. Damit ich immer weiß, worum es geht. Es geht um solche Scheine, die großen. Und wisst ihr was? Es ist gar nicht so schwer, an sie ranzukommen.

Er beginnt den Leuten zu erzählen, dass sie reich werden können, dass jeder reich werden kann. Man muss nur wollen. Und das Richtige tun. Er weiß, was das Richtige ist, um reich zu werden. Er schwört die Leute auf Geld ein. Er schreit, flüstert, rennt, springt. Die Leute jubeln, klatschen, skandieren die Sprüche, die er ihnen vorspricht, Sprüche vom Geld und der Stärke, die in jedem liegt und die mit Geld, viel Geld, belohnt werden wird. So sorgt er für ein Gefühl innigster Gemeinschaft und Verbundenheit. Er sorgt auch für Gänsehaut und Erhabenheit, schafft Momente der Stille, fordert auf zu innerer Einkehr, damit die Leute ein paar Sekunden darüber nachdenken, welche Lücken es gibt in ihrem Drang nach Gelderwerb.

Ihr seid Adler, ruft er am Ende, ihr schafft es.

Wir sind Adler, rufen die Leute, wir schaffen es.

Dann gehen sie, beseelt, gewillt, besser zu sein. Im Foyer sind Stände mit den Büchern des Mannes, der sie gerade aus dem geweckt hat, was sie jetzt als Schlaf empfinden, ihr Leben. Sie kaufen sich ein Buch. Sie haben so ein gutes Gefühl.

Es gibt eine ganze Branche mit Leuten, die anderen Leuten in religiöser Manier vermitteln, wie sie besser, reicher, schöner, fitter werden können. Es sind Leute wie Bodo Schäfer, der von seinem Buch «Der Weg zur finanziellen Freiheit» 2,5 Millionen Exemplare verkauft hat. Der Hamburger Pfarrer Denecke sieht in Schäfer einen Konkurrenten, der auch «ein Angebot macht in der Frage der Sinngestaltung des Lebens».

Schäfer füllt die großen Hallen, wenn er auf Tournee geht. Leute wie Schäfer ersetzen vielen Menschen die Kirche. Geld zu vergötzen ist eine große Versuchung, weil in unserer Welt Probleme vor allem Geldprobleme sind, weniger Seelen- oder Sündenprobleme wie in versunkenen Welten, in denen die klassischen Kirchen das Monopol auf das

Heilsversprechen hatten. Wer heute dem Geld huldigt, verwandelt das Problem in eine Religion und darf auf Erlösung hoffen, wenn er sein Leben so weit wie möglich dem Gelderwerb unterordnet. In einem Artikel über die Leistungsgurus zitiert *Die Zeit* Colin Goldner, den Leiter des «Forums kritische Psychoanalyse»: Leute wie Bodo Schäfer, sagt er, seien die «nützlichen Handlanger» der Firmenchefs. Denn sie fordern dazu auf, bei der Arbeit das Letzte aus sich herauszuholen, um schnell Karriere zu machen und mehr Geld zu verdienen. Insofern stützen sie perfekt die Arbeit von McKinsey.

Grundsätzlich spricht nichts dagegen, dass Institutionen um Einfluss auf unsere Seele konkurrieren. Auswahl ist immer gut. Aber wenn man eines Tages nur noch zwischen einer McKinsey-Kirche, McKinsey selbst und Bodo Schäfer wählen kann, ist das keine Auswahl mehr.

McKinsey-Kultur:
Der Bankrott der Gegenelite

Blaue Mappen von McKinsey liegen im Theater in Bremen, bei der Stiftung Lesen, beim Goethe-Institut, beim Malkasten in Düsseldorf, beim Schleswig-Holstein Musik Festival. Die Liste im Bereich Kultur ist sehr, sehr lang. Das hat mit den leeren öffentlichen Kassen zu tun. In den Zeiten der großen Haushaltsdefizite fallen den Sparkommissaren häufig zuerst die kulturellen Einrichtungen ein, wenn sie streichen müssen. Bevor man aber ein Theater schließt, holt man McKinsey und lässt nach Effizienzreserven suchen. Deshalb und mehr noch wegen Anbiederung an die Wirtschaft ist auch die Kulturszene in den vergangenen Jahren eine Szene der Unternehmen, Manager und Kunden geworden. Beispiel soll diesmal nicht eine Person sein, sondern eine Ausstellung.

Die McKinsey-Ausstellung

Im Frühjahr 2002 lief in den Hamburger Deichtorhallen eine Ausstellung unter dem Namen «Art & Economy». Ich bin hingegangen und habe sie mir angeschaut. Ich sah Kunstwerke, die aussahen wie riesige Kreditkarten von Visa und Mastercard, ich sah Fotoporträts, die bekannte

Manager bei guter Laune zeigten, ich sah Faksimiles von vergrößerten Überweisungsscheinen. Die Künstlerin Eva Grubinger hatte der Deutschen Bank 30 000 Deutsche Mark überwiesen und bekam dafür 30 000 Euro zurück, war also mit 15 000 Euro oder 30 000 Mark für ihre Arbeit gesponsert worden. Dagegen ist nichts zu sagen, aber warum der Zahlungsvorgang und seine Dokumentation zum Kunstwerk ernannt wurden, wollte mir nicht einleuchten. Man sah auch ein Foto, das die Künstlerin am Telefon zeigte, genauso ein Foto mit einem Bankmanager in einem Sessel. Auf beiden Fotos ist ein brauner Koffer zu sehen, wahrscheinlich der Koffer mit dem Geld.

Ich will und kann nicht die einzelnen Exponate in ihrem künstlerischen Rang bewerten. Es geht mehr um die Ausstellung an sich, die Stimmung, die in den Deichtorhallen herrschte. Es war eine Stimmung der Einheit, der Verbundenheit, des einander Angehörens. Der Katalog zur Ausstellung «Art & Economy» bestätigt diesen Eindruck. In den Beiträgen zeigt man sich dankbar und beglückt, dass die Wirtschaft so viel Geld in die Kunst investiert oder eine Stadt wie Berlin die junge Kunstszene längst als «Standortfaktor» entdeckt hat. Diese Eintracht drückt ein Satz besonders deutlich aus: «Die Künstler lehnen es heute ab, gegenüber der Wirtschaft einseitig die Position eines moralischen Überichs einzunehmen.» Mit anderen Worten: Kritik findet nicht statt. Und wenn doch, dann ist es eine Kritik von innen, nicht von außen, denn im Ideal sind die Künstler so eng an ein Unternehmen gebunden, dass sie quasi Teil davon sind. «Sich unmittelbar in den internen Strukturen eines Unternehmens zu bewegen bedeutet deshalb auch, in

Betracht zu ziehen, dass eine innerbetriebliche Kritik vielleicht besser greift als eine Kritik von außen.»

Das ist so ungefähr der naivste Satz, der mir jemals begegnet ist: Die Vorstellung, ein Künstler könne irgendetwas an einem Unternehmen ändern, ist Unsinn. Ich kenne den Respekt und die Freundlichkeit, mit der Manager und Unternehmer einem Künstler begegnen. Das ist fast immer ehrlich gemeint und hat mit der heimlichen Sehnsucht gerade von Managern und Unternehmern nach einer Gegenwelt zu tun, vergleichbar mit Jürgen Kluges Sehnsucht nach der Welt der Amischen. Gerade weil diese Leute so tief verstrickt sind in das Wirtschaftsleben wie niemand sonst, wünschen sie sich manchmal eine Alternative, ein Leben, das anderen Gesetzen folgt als denen des Geldes. Aber man kann daraus nicht schließen, Manager und Unternehmer würden irgendetwas an ihrem Leben oder gar in ihrem Unternehmen ändern. Die Verpflichtung, Gewinne zu erwirtschaften, lässt wenig Spielräume im Verhalten. Wer es in einem Unternehmen weit gebracht hat, weiß das sehr genau und wird niemals aus Sympathie für einen Künstler auch nur einen Zentimeter von seiner Linie abweichen. Es ist doch eher umgekehrt: Die Kraft, die von einem Unternehmen oder einem Unternehmer ausgeht, also die Kraft des erfolgreichen Gelderwerbs, ändert jene, die damit in Berührung kommen. Es ändern eher Unternehmer und Manager Politiker als andersherum. Bei den Künstlern ist es genauso. Die Ausstellung «Art & Economy» ist ein Beispiel dafür.

Die Ausstellung hat wütende Kritik auf sich gezogen. Die *FAZ* schrieb von einer «Selbst-Unsichtbarmachung der

Kunst», von «stromlinienförmiger Anschmiegung an das vorgegebene Umfeld». In einem weiteren Beitrag schreibt Peter Bürger, emeritierter Professor für Literaturwissenschaft und ästhetische Theorie der Universität Bremen: «Es fällt schwer, den Beitrag eines Künstlers zu würdigen, dessen Zusammenarbeit mit einem Wirtschaftsunternehmen darin besteht, dass er sich in den Hackeschen Höfen in Berlin ein Büro mit Designer-Möbeln einrichten lässt, um sich von hier aus zu vermarkten (die Ausstellung zeigt Stühle und Lampen sowie das Schild mit der Adresse). Noch empörender wirken, zumindest auf den ersten Blick, Versuche, die Anpassung an das, was eh geschieht, als Kritik auszugeben. Eine Künstlerin beispielsweise lässt sich von einer Image-Beratungsfirma eine ‹Identität› verpassen und will darin laut Katalogtext eine ‹Demonstration des Markendiktats› sehen.»

Weiter schreibt Bürger: «Vielleicht liegt das Skandalon dieser Ausstellung gar nicht in erster Linie darin, dass viele der ausgestellten Künstler eine offen affirmative Haltung gegenüber der Wirtschaft einnehmen – affirmative Kunst hat es schließlich zu allen Zeiten gegeben. Vielleicht besteht es vielmehr darin, dass hier ganz offen das Ende des Zeitalters der Kritik ausgerufen wird. Wo die Verhältnisse nicht mehr zu verändern sind, wird Kritik zur leeren Behauptung des Kritikers.»

Ich finde das nicht skandalös, sondern traurig. Ich denke nicht, dass ein Künstler oder ein Kunstwerk notwendig Kapitalismuskritik üben muss. Aber es muss die Möglichkeit geben, die Freiheit. «Art & Economy» jedoch zeigt eine Kunst, die sich anpasst und unterwirft und das zum Prinzip erhebt. Traurig ist das vor allem, weil – wenn sich diese Haltung durchsetzt – eine weitere mögliche Gegenwelt zur McKinsey-Welt verschwindet. Die Kunst war zu großen Teilen eine solche Gegenwelt: nicht den Gesetzen von Geld und Effizienz unterworfen, sondern frei.

Als Volkswagen sein neues Luxusmodell «Phaeton» vorstellte, war ich bei der Präsentation in Berlin. Sie fand statt in der Neuen Nationalgalerie, dem Museum, das Ludwig Mies van der Rohe gebaut hat und das in seiner ständigen Ausstellung Kunst aus dem zwanzigsten Jahrhundert zeigt. Für die Präsentation war der Glasbau im Erdgeschoss freigeräumt. Die orangefarbene Leuchtschrift, die sonst rund um die Uhr an der Decke entlangläuft, eine Installation von Jenny Holzer, war ausgeschaltet. Sie hätte vom Programm abgelenkt. Präsentiert wurden ein Phaeton in Dunkelgrün, eine Rohkarosse des Phaeton, die an einer Wand hing, sowie ein Motor. Als der Kommunikationschef von Volkswagen die geladenen Journalisten begrüßte, nahm er natürlich Bezug auf das Gebäude und die Kunst, die hier gezeigt wird, und natürlich zog er Parallelen zum Phaeton, der auch ein Kunstwerk sei, ein Klassiker schon jetzt. Er sagte auch, dass die Neue Nationalgalerie zum ersten Mal die Räume für eine kommerzielle Präsentation freigegeben habe. Er war sehr stolz. Dann wurde ein Film gezeigt und über Leistungsdaten, Werkstätten und Marketing geredet. Als die Präsentation zu Ende war, wurde die Leuchtschrift von Jenny Holzer wieder eingeschaltet.

Ich finde nicht, dass es ein Skandal ist, dass ein Hersteller sein neues Auto in einem Museum vorstellt. Es stört

mich aber trotzdem. Es ist geradezu das Wesen des Ökonomismus, dass er nicht schlagartig von unserer Lebenswelt
Besitz nimmt, sondern schleichend, immer unterhalb der
Erregungs- und Skandalschwelle. Jeder Einzelfall ist erträg-
lich, aber in der Summe ist dann irgendwann alles von der
Wirtschaft dominiert. Wer sich auf die Wirtschaft einlässt,
wie es die Kunstwelt gerne tut, wird von ihr in Beschlag
genommen, die Begriffe und Räume werden allmählich besetzt.

Zu dieser Eingemeindung der Kunstwelt in die McKinsey-Welt gehört auch die Museumskette Guggenheim. Tho-
mas Krens, der Direktor der Solomon R. Guggenheim-Stif-
tung, hat das Haus zu einem *Global Player* auf dem
Kulturmarkt gemacht. Filialen des Stammhauses am Cen-
tral Park in New York gibt es in Berlin, in Venedig, Las
Vegas und Bilbao. Pläne für eine Expansion nach Südame-
rika existieren, liegen aber auf Eis, seitdem Guggenheim
von der allgemeinen Konjunkturflaute getroffen wurde.
Die Filiale im New Yorker Stadtteil Soho wurde geschlossen. Der Umbau eines Museumsträgers in einen Konzern
hat naturgemäß zur Folge, dass Guggenheim den Gesetzen
der Marktwirtschaft genauso unterliegt wie zum Beispiel
McDonald's. Krens versteht sich selbstverständlich als
Manager und sagt gerne Sätze wie diesen: «Es ist eine ganz
normale Managementstrategie, sich regelmäßig neu zu
organisieren.»

Krens hat die Verbindung von Kunst und Wirtschaft in
eine neue Dimension geführt. In seinem Museum in Soho
waren ganze Etagen nach Firmen benannt. Die Berliner Filiale sitzt im selben Haus wie die Deutsche Bank und heißt

denn auch folgerichtig Deutsche Guggenheim. Nun könnte man sagen, dass dies alles keine Rolle spielt, solange die ausgestellte Kunst davon unberührt bleibt. Bleibt sie aber nicht. Krens ließ eine Ausstellung organisieren, deren Thema «The Art of the Motorcycle» heißt. Es ist keine Frage, dass es schöne Motorräder gab und gibt, aber sind sie Kunstwerke? Unterstützt wurde die Ausstellung von BMW.

Es gab einmal die Vorstellung, ein Buch sei kein Produkt wie jedes andere, ein Buch sei etwas Besonderes und müsse daher anders behandelt werden als andere Produkte. Diese Idee war endgültig zerstört, als sich die Verlage S. Fischer und Rowohlt Berater von McKinsey ins Haus holten. Beide Verlage, Töchter des Holtzbrinck-Konzerns, steckten wirtschaftlich, aber auch verlegerisch in der Krise. McKinsey sollte herausfinden, welche Möglichkeiten es gibt, Kosten zu sparen und effizienter zu arbeiten. In der Kulturszene sorgte das für einige Aufregung.

Die Berater von McKinsey sind inzwischen aus den Verlagshäusern in Frankfurt und Reinbek verschwunden, mit ihnen einige Arbeitsplätze. Unter den Überlebenden, mit denen ich über das Ergebnis der Beratung gesprochen habe, war niemand, der gesagt hat, es habe sich nichts verbessert. Die Abläufe seien sinnvoll gestrafft worden, übersichtlicher, effizienter. Es wurde aber auch gesagt, dass der Druck größer geworden sei, Bücher zu produzieren, die sich möglichst gut verkaufen ließen.

Der übliche Einwand darauf ist, dass wir heute einen Franz Kafka nicht kennen würden, wenn sein Verleger nur an den Profit gedacht hätte. Da ist etwas dran. Andererseits wäre der Welt auch nicht gedient, hätten Rowohlt und S. Fischer eines Tages Konkurs anmelden müssen, weil sie kein Geld mehr verdienen. Aber ein Buch ist nicht ein Produkt wie jedes andere auch. Ein Buch, ein gutes zumindest, transportiert Kultur und ist damit schützenswert, bedarf besonderer Obhut, weshalb es nicht ungeschützt den Härten der McKinsey-Welt ausgeliefert sein sollte.

Einmal habe ich jemanden kennen gelernt, der langfristig einen Schutzraum für ein Produkt geschaffen hat, das vom Markt nicht ausreichend angenommen wurde, um die Kosten zu decken. Das war der Verleger Gerd Bucerius, der seine Wochenzeitung *Die Zeit* über Jahrzehnte mit Geld finanzierte, das er zum Beispiel mit dem *stern* verdient hat. Obwohl Bucerius sehr auf die Mark geguckt hat und sicher kein Verschwender war, gab er Millionen aus, weil er glaubte, dass *Die Zeit* eine gute, nützliche, sogar notwendige Stimme in der Öffentlichkeit ist. McKinsey wäre ihm nicht ins Haus gekommen. Tatsächlich habe ich *Die Zeit* in den neunziger Jahren kennen gelernt als einen Betrieb, der weitgehend frei war von Effizienzdenken. Mich hat nie jemand aufgefordert, meinen Arbeitstag zu verdichten. Es zählte nicht der Prozess, sondern allein das Ergebnis, der Text. Wie viel zeitlichen Aufwand ich betrieben habe, um zu recherchieren oder zu schreiben, hat meine Ressortleiter nicht interessiert (beim *Spiegel* erlebe ich das übrigens genauso). Mit dieser Haltung konnte man schließlich sogar Geld verdienen. Der *Zeit*-Verlag ist heute ein profitables Unternehmen.

Herzblut ist eine Sache, die auch Buchverleger schmückt. Es gibt welche, die es haben, aber die Zahlen spielen eine immer größere Rolle. Das hat auch mit einer für Deutschland relativ neuen Figur zu tun, dem Literatur-agenten.

Sie nimmt 15 Prozent. Das ist ihr Preis. Dafür befreit sie den Schriftsteller von allem, was ihm nicht gefällt: feilschen, rechnen, sich anbieten, vermarkten, verkaufen. Der Dichter will schreiben, sonst nichts. Er verachtet die Welt der Zahlen, und sie ist dort zu Hause. Sie geht auf Partys und gibt selbst welche. Sie lädt junge Journalisten ein, von denen sie Reportagen gelesen hat, die «irgendwie etwas Literarisches» haben. Sie lädt Dramatiker ein, Regisseure oder sonst wie «witzige Leute», von denen zu erwarten ist, dass sie eines Tages ein Buch schreiben wollen. Sie plaudert, ein Glas Sekt in der Hand. Sie trägt ein Kostüm, nicht allzu hohe Schuhe, nichts Auffälliges, elegant, aber auch ein bisschen nachlässig. Sie will zeigen, dass sie in beiden Welten zu Hause ist, der Welt der Buchmanager, der Welt der Dichter. Sie fragt viel, kann zuhören. Dann ein Lächeln, ihr Lächeln, jetzt kommt die Frage: Und? Wollen Sie nicht mal was schreiben, oder haben Sie vielleicht schon? Nie sagt jemand nein. Jeder will mal was schreiben oder hat schon was geschrieben. Das ist ihre größte Stärke: Sie gibt einem das Gefühl, ein Schriftsteller sein zu können, ein erfolgreicher Schriftsteller sogar. Wenn Sie was haben, schicken Sie's mir, sagt sie zum Abschied. Wieder dieses Lächeln. Zurück bleibt ein Mensch, der in sich plötzlich die Möglichkeiten des Schriftstellers sieht. So macht sie eine Menge Leute glücklich.

Man kennt ja die Zahlen. Sie hat dafür gesorgt, dass

man sie kennt. Eine halbe Million Euro Vorschuss hat sie jüngst herausgeholt, für einen jungen Schriftsteller, der mit seinem ersten Buch erfolgreich war. Für einen Debütroman, der noch nicht geschrieben ist, handelte sie 100 000 Euro aus. So füttert sie die Szene mit Zahlen, großen Zahlen. Jeder soll wissen, dass Bücher schreiben ein Geschäft sein kann. Von wegen armer Dichter. Den will sie abschaffen, für 15 Prozent.

Die Lektoren in den Verlagen hassen sie. Früher hatten sie es mit jungen Schriftstellern zu tun, die rot wurden vor Dank, wenn sie für ein unverlangt eingesandtes Manuskript einen Absagebrief bekamen, der kein Formbrief war. Für die Aussicht, gedruckt zu werden, hätten sie auf jeden Vorschuss verzichtet, hätten noch draufgezahlt. Sie waren überglücklich, wenn man ihnen 5000 Mark anbot. Sie sagten sofort zu, lasen die Verträge kaum, die man ihnen zuschickte. Gedruckt. Das größte Glück auf Erden. Göttlich musste sein, wer es zuteilen konnte, der Lektor also.

Sie hat das geändert. Sie sieht sehr nach Business aus, wenn sie sich mit den Verlagsleuten trifft, um über ein hoffnungsvolles Manuskript zu verhandeln. Sie hat einen Vorschuss gefordert, der allen den Atem geraubt hat. Eine neue Dimension. Unmöglich, sagen die Verlagsleute. Der Verlag X, die Konkurrenz, sieht das anders, sagt sie. Kein Bluff, sie war schon dort. Sie ist ruhig, kühl. Ein großes Talent, sagt sie, eine große Hoffnung, das Buch verkaufen Sie spielend, den Vorschuss holen Sie bald wieder rein. Sie redet nicht mehr als unbedingt nötig. Sich nicht in die Karten gucken lassen, den anderen das Gefühl geben, dass man seiner Sache absolut sicher ist. Man verhandelt jetzt wie auf dem Basar, Zahl gegen Zahl. Schließlich einigt man sich auf einen Vorschuss, der wieder einen Schriftsteller glücklich machen wird. Und noch was, sagt sie: Ich will Werbung in allen großen Zeitschriften, ich will einen sechsstelligen Etat dafür, ich will ein Marketingkonzept, bei dem groß gedacht wird.

Nach der Verhandlung, als sie im Taxi zum Hauptbahnhof sitzt, hat sie elf Anrufe auf der Mobilbox: sieben Leute, die eine tolle Idee für einen Roman haben, zwei bekannte Schriftsteller, die den Verlag wechseln wollen, weil er ihnen zu wenig zahlt. Der Rest ist privat.

Am Tag darauf um zwölf Uhr läuft die Frist für eine Buchauktion aus. Vor einigen Wochen hat sie ein viel versprechendes Manuskript an sechs Verlage geschickt. Jetzt sitzt sie an ihrem Schreibtisch, raucht, trinkt einen Kaffee, wartet auf das Klingeln. Vier Verlage haben sich schon per Fax oder am Telefon gemeldet und eine Zahl genannt, fünfstellig. Es klingelt, ein weiteres Angebot, sechsstellig. Sie ruft die anderen Verlage an und nennt das Höchstgebot. Sie haben noch eine Stunde für ein neues Gebot, sagt sie. Hundertzwanzigtausend will sie hören. Sie genießt das jetzt. Ihr Puls ist leicht erhöht. Hundertzwanzigtausend, Hundertzwanzigtausend, hundertzwanzigtausend. Es klingelt wieder. Hundertzehntausend. Enttäuschung. Es ist jetzt fünf vor zwölf. Sie guckt das Telefon an. Es klingelt. Hundertzwanzigtausend. Sie jubelt, aber nur innerlich. Noch drei Minuten. Sie guckt das Telefon an. Vielleicht kommt ein weiteres Gebot. Aber es bleibt bei hundertzwanzigtausend. Sie atmet durch, raucht noch eine Zigarette. Dann ruft sie den Autor an. Glückwunsch, sagt sie.

Bei diesem Verfahren gewinnt der einzelne Autor, aber es geht auch etwas verloren: das Besondere des Buches. Niemand kann bald mehr sagen, das Buch sei kein Produkt wie andere auch. Denn in der Praxis wird es mehr und mehr als Ware behandelt. Die Auktion ist die offenste Form des Preiskampfes, des Wettbewerbs um Profitaussichten. Wenn sich die Autoren und Verlage dem vollkommen unterwerfen, verspielen sie ihr Recht, einen Schonraum für Bücher einzufordern. Bislang gibt es den durch die Buchpreisbindung in Deutschland, zudem durch den reduzierten Mehrwertsteuersatz. Die Buchpreisbindung untersagt den Preiswettbewerb zwischen den Buchläden. Der gleiche Titel muss überall das Gleiche kosten, ein Schutz für Verlage und Autoren vor niedrigeren Preisen. Für die Masse der Verbraucher ist die Buchpreisbindung aber von Nachteil, weil sie tendenziell höhere Preise zahlen müssen. Warum sollen sich die Kunden dem unterwerfen, wenn auf der anderen Seite viele Autoren mittels ihrer Agenten auf Auktionen, also in offenstem Wettbewerb, hohe Honorare herausschlagen? Wenn Bücher also insgeheim wie eine ganz normale Ware behandelt werden?

Auch hier ist die Hingabe an den Ökonomismus naiv. Man holt für sich das Beste heraus und denkt, im Ganzen würde alles so schön und idyllisch bleiben, wie es immer war. Aber so funktioniert der Ökonomismus nicht. Er ist gefräßig. Er will alles. Am Ende wird er alles kriegen.

Aber nicht, weil er so böse ist und alles, was gut ist, kaputtmacht. Der Ökonomismus, das sind wir, das sind unsere Wünsche, ausgedrückt in der Herrlichkeit der großen Zahlen. Es sind unsere Entscheidungen, die den Ökonomismus jeden Winkel erreichen lassen, zum Beispiel den Buchmarkt.

Andere Kulturträger, Presse, Funk und Fernsehen, sind längst beherrscht vom Zahlendenken. Lange gab es hier schöne Nischen, vor allem in den Qualitätsmedien, dank hoher Gewinnmargen der Verlage sowie der Konkurrenzlosigkeit der öffentlich-rechtlichen Medien. Das hat sich geändert, als das private Fernsehen zugelassen wurde. Sofort begann ein harter Kampf um Einschaltquoten und Werbekunden und damit das Regiment der Zahlen. Die öffentlich-rechtlichen Medien passten ihr Niveau nach unten an, die Verlage mussten härter um Anzeigenkunden kämpfen. Für den endgültigen Durchbruch des Ökonomismus sorgte die große Verlagskrise, die 2002 ausbrach. Seitdem nimmt die Gefälligkeit gegenüber Anzeigenkunden zu, und es wächst der Effizienzdruck auf die Redaktionen. Die Qualität nimmt ab, was sich auch daran zeigt, dass Qualitätsmedien wie die *Woche*, die «Berliner Seiten» der *FAZ* und das Jugendmagazin *jetzt* der *Süddeutschen Zeitung* unter dem Druck der Zahlen eingestellt wurden. Verlage werden mehr und mehr ganz normale Unternehmen.

Wenn man den Kulturbegriff etwas weiter fasst, gehört auch Bildung dazu. Bildung ist eines der Hauptthemen McKinseys in dem Bemühen, diese Gesellschaft umzuerziehen. Immer wieder äußert sich Jürgen Kluge öffentlich zum Thema Bildung. Das hat auch sein Vorgänger Henzler getan, das tun auch die Zufriedenheitszerstörer Lothar Späth und Meinhard Miegel. Dass unser Bildungssystem in einem schlechten Zustand ist, kann man nicht bestreiten. Spätestens seit der Lernstudie Pisa ist allgemein bekannt, dass unsere Schüler nicht genug oder das Falsche lernen. Trotzdem stört mich etwas an der Diskussion um ein anderes Bildungssystem. Denn das Ziel, für das Kluge, Späth oder Henzler streiten, ist eine McKinsey-Bildung.

Als unser Sohn kurz davor war, sechs zu werden, mussten wir uns der Frage stellen, ob er eingeschult werden sollte oder nicht. Sein Geburtstag liegt knapp hinter jenem Stichtag, mit dem die allgemeine Schulpflicht beginnt. Er konnte also noch ein Jahr der Schule fern bleiben oder sich mit einem Test für die Schule qualifizieren. Wir ließen ihn den Test nicht machen und haben ihn nicht in die Schule gegeben. Wir fanden, dass er ruhig noch ein Jahr länger in seiner Spielwelt leben sollte.

Einige Bekannte von uns haben das nicht verstanden. Wir hörten häufiger das Wort vom «verschenkten Jahr». Gemeint war, dass unser Sohn nun um ein Jahr verspätet ein Studium beginnen und/oder in die Arbeitswelt eintauchen werde. Der Begriff «verschenkt» ist dann richtig, wenn man davon ausgeht, dass die Schule dazu dient, junge Menschen so rasch wie möglich dem Wirtschaftsleben verfügbar zu machen. Deshalb wird auch gefordert, die Zeit am Gymnasium um ein Jahr zu verkürzen, sodass die Jugendlichen schon nach zwölf Jahren Abitur machen können.

In dem Jahr, das für unseren Sohn nach dieser Auffassung verschenkt war, konnte er morgens ausschlafen, spielen, so viel er wollte, und er hatte keinen Druck, Leistungen bringen zu müssen. Wir fanden das nicht verschenkt, können aber nur hoffen, dass er das eines Tages auch so sehen wird. Denn er wächst in einer Welt auf, in der Bildung mehr und mehr als direkte Vorbereitung auf das Berufsleben gesehen wird, nicht als Vorbereitung auf das Leben. Ein Indiz dafür ist das geradezu alberne Vertrauen auf den Computer. Die Qualität einer Schule wird inzwischen anhand der Zahl der verfügbaren Computer gemessen. Das Leben ist aber mehr, als sich in einer schnellen Abfolge von Nullen und Einsen darstellen lässt. Natürlich ist es altmodisch, zum Beispiel in den Klassikern eine Schule für das Leben zu sehen. Aber ist es deshalb falsch? Gerade der Computer verführt oft zu besonders hirnloser Freizeitgestaltung.

Ulrich Greiner nimmt in einer Polemik in der *Zeit* gegen den aktuellen Bildungsgedanken das Bild vom Drachen auf: «Denn ein neuer (Drache), der die Gestalt von Bill Gates und Craig Venter angenommen und sich längst in den höheren Bildungsanstalten eingenistet hat, fordert von uns allen, dass wir dem bloß Schönen und Alten zu widersagen, die Künste und die Poesie und die Geschichte als luxuriöses Vergnügen zu betrachten hätten, weil nämlich das Wahre und Gute in der Optimierung technisch-ökonomischer Verfahren liege. Was am Ende heißt, dass die Gegenwart total, die Geschichte ein Furz und die Zukunft ein Paradies ist. Und was in der Praxis bedeutet, dass die Schüler Internet statt Antigone lernen und deutsche Geschichte auf Englisch statt römische Geschichte auf Deutsch.»

Tatsächlich gilt alles, was früher war, unter modernen Nützlichkeitskriterien als unbedeutend. Wichtig ist nur, die Gegenwart zu bewältigen und die Zukunft zu gewinnen. Da sich die Wirtschaft in den meisten Branchen täglich neu zu erfinden sucht und der Umsturz das Beständige ist, zählt die Vergangenheit nicht viel. Es ist ja ein Prinzip der McKinsey-Wirtschaft, jede Basis sofort zu zertrümmern, damit sich niemand in Sicherheit wiegen kann und darob bequem wird. Auch Geschichte ist eine Basis, eine Art von Heimat. Sie ist das Dauerhafte, Beständige in uns, eine Sicherheit, die uns gegen das Flatterhafte, Nervöse des All-täglichen skeptisch macht. Wenn wir uns mit der Vergan-genheit beschäftigen, kommen wir zu Urteilen und Wer-tungen, die auf Dauer angelegt sind. In der McKinsey-Welt ist das eher unerwünscht. Es könnte die Flexibilität stören und damit die Erfolgsaussichten. Das aber ist ein Irrtum. «Allerdings pflegt, wie sich durch Beispiele aus der Ge-schichte belegen lässt, derjenige, der keine Vergangenheit hat, auch keine Zukunft zu haben», schreibt der Latinist und Bildungsforscher Manfred Fuhrmann in seinem Buch-essay «Bildung» (Reclam Stuttgart).

Ich habe mit Jürgen Kluge, dem Chef von McKinsey Deutschland, vor allem über Bildung geredet. Es ist sein Thema. Es ist das Thema, mit dem McKinsey am stärksten versucht, die Gesellschaft zu verändern. Ein Projekt der Firma heißt «McKinsey bildet». Die Firma hat sich an der Gründung einer Wirtschaftshochschule in Berlin beteiligt. Kluge sagte, das Bildungssystem sei «eine durchgängige Prozesskette. Was Sie vorne investieren, kriegen Sie später mit Verzinsung raus». Er sagte, der Prozess beginne schon im Krippenalter. Damit die Mütter arbeiten könnten, soll-ten die Kinder in Krippen gehen, wo sie sofort gefördert werden. Zwischen zwei und drei Jahren liege ein Alter, in dem Kinder besonders aufnahmefähig seien. Er war dann bald bei der Schule und der Hochschule, und was er sagte, klang so, als sei das ganze Bildungssystem eine riesige Kadettenanstalt zur Aufzucht von Arbeitskräften. Nachdem er erklärt hatte, «Schule ist ein Qualitätssicherungsthema», fiel ihm auf, wie ökonomisch geprägt seine Sprache war, und er sagte: «Ich komme da sehr aus dem industriellen Denken. Man kann nicht alles übertragen, aber doch eine Menge von der Industrie lernen.» Er sagte, Kinder lernten fürs Leben und nicht für einen Beruf, aber dann sprach er nur über Berufe. Natürlich ist er dafür, die Begabten besonders zu fördern und eine Elite heranzuzüchten. Auf die Hochqualifizierten komme es an, sagte er. «Hinter jedem erfolgreichen Auto steht immer *ein* wirklich kluger Kopf.»

Interessant ist, dass die neu gegründeten Privatuniversitäten sich alle das Etikett «Eliteschule» geben. Da diese Hochschulen vor allem mit Unterstützung der Wirtschaft gegründet werden und die Wirtschaft nur das unterstützt, was ihr nützt, wird an den Privatuniversitäten vor allem Betriebswirtschaft gelehrt. So wird das Wort Elite nach und nach für die Wirtschaft besetzt. Die moderne Elite, die Elite der McKinsey-Welt, ist naturgemäß das Management. Das Problem ist, dass die Gegenelite immer schwächer wird. Es war immer eine der wichtigsten gesellschaftlichen Aufgaben der Kunst, eine solche Gegenelite zu stellen. Wenn sich aber Künstler der Wirtschaft zunehmend freundlich-harmlos andienen, wenn sich die Orte der Kunstverbreitung, Museen und Verlage, mehr und mehr in reine Wirtschaftsbetriebe verwandeln, die effizient sein wollen wie jede x-beliebige GmbH, stirbt diese Elite allmählich aus.

McKinsey-Alltag:
Die Lust an der Ich-AG

Er kann mühelos im Gehen telefonieren. Er kann das auch im Fahren, im Auto, auf dem Fahrrad. Er macht das gerne und oft. Es gibt ihm ein gutes Gefühl, dass er seine Zeit so gut nutzt. Ohne Handy verlässt er das Haus nicht mehr, am Abend nicht, am Wochenende nicht. Er will jederzeit erreichbar sein, er will jederzeit andere erreichen können. Er will einen dichten Tag haben. Er findet Leute, die einen dichten Tag haben, gut. Sie haben Bedeutung. Oft zu telefonieren gibt einem das Gefühl, einen dichten Tag zu haben.

Manchmal sitzt er da, lauscht und wartet auf das Klingeln, das einen Anruf signalisiert, auf das leise Piepen, das die Ankunft einer SMS signalisiert. Er ist enttäuscht, wenn es für länger ausbleibt. Bin ich nicht wichtig?, fragt er sich. Kann die Welt so lange ohne einen Beitrag von mir auskommen? Wenn der Anruf eintrifft, nimmt er ihn mit einem Gefühl von Wichtigkeit entgegen. Man sieht ihm das an. Er spricht engagiert, halblaut. Man weiß nicht, ob er seine Liebe erklärt oder ein Geschäft abschließt. Man soll es nicht wissen. Es reicht, dass jeder sieht, wie gefragt er ist.

Er sagt «sorry», wenn ihn der Anruf in einem Restaurant erreicht. Vier Leute am Tisch, Ende des ersten Gangs, jemand erzählt vom Urlaub. Er nimmt den Anruf entgegen, spricht, lauscht, es dauert. Nie ist ein Gespräch aufschiebbar, es muss immer gleich sein, egal, was ist. So ist sein Alltag nicht nur verdichtet, sondern auch beschleunigt. Speed. Bei Managern ist das nicht anders. Er muss seinen Alltag managen, sorry.

Gut, dass es jetzt die Technik dafür gibt. Jüngst hat er sich einen Palm zugelegt. Tolle Sache, erklärt er einem Freund und beschreibt dann, wie er sofort jeden Termin, der reinkommt, im Palm notiert. Frisör. Werkstatt. Geburtstagsanruf bei der Mutter. Fußball mit den Kindern. Theaterabend. Wenn sich jemand mit ihm auf ein Bier verabreden will, zückt er den Palm, checkt, ob der Termin noch frei ist, trägt ihn dann ein, klappt den Palm zu, steckt ihn weg, guckt wie ein Mann, der sein Leben ziemlich gut im Griff hat. Er hat sein Leben ziemlich gut im Griff. Zumal er den Palm an seinen Haushaltslaptop anschließen kann, und dann ist null Komma nichts alles auf der Festplatte, alles in den größeren Zusammenhang eingeordnet. Er hat ein Programm, mit dem er seine Ausgaben unter Kontrolle hält. Er hat ein Programm, mit dem er den Warenbestand im Kühlschrank up to date hält. Er hat viele Programme. Das Leben gerät ihm nicht mehr in Unordnung, seitdem er es führt wie einen Konzern.

Mehr und mehr gibt es diese Art von privatem Managertum. Es wird gefördert durch technische Errungenschaften wie Handy, Laptop oder Palm, mit denen man die Termine seines Alltags organisiert. Das ist sicher effizient, wirkt auf mich manchmal aber ein bisschen albern oder auch traurig. Mehr und mehr, scheint mir, wird eine Art Unternehmenseffizienz in den Alltag verpflanzt, Managerqualitäten für den Hausgebrauch, ein Leben wie von McKinsey in der blauen Mappe präsentiert. Das liegt daran, dass alles, was nach Ökonomie klingt oder aussieht, mittlerweile ein so hohes Ansehen genießt, dass es bedenkenlos ins Privatleben übernommen wird. Auch die Liebe oder die Ehe sind davon nicht ausgeschlossen. In der Zeitschrift *brand eins* zum Beispiel ist ein Artikel erschienen, der Ehen ökonomisch betrachtet. Zwei Zitate:

«Regelmäßig wird Bilanz gezogen: Wie ist das Verhältnis zwischen Geben und Nehmen? Hat sich die Investition in den anderen gelohnt? Oder wäre das persönliche Kapital beim Mitbewerber/bei der Mitbewerberin besser angelegt?»

«Partnerschaften sind in Bewegung und ihre Kurse häufig so volatil wie die am Neuen Markt. So wie Unternehmen können Beziehungen über Nacht massiv an Wert verlieren – und dann ist sie oder er plötzlich weg.»

Die Frage ist, warum das so lustvoll hingeschrieben wird, warum man annehmen kann, dass man damit eine Erwartung erfüllt? Zum einen ist es ein Paradigmenwechsel in der Alltagskultur. Von den späten sechziger bis in die achtziger Jahre hinein wurden Unternehmen bei den Jüngeren kritisch gesehen. Sie würden das bestehende System stützen, Arbeitnehmer ausbeuten und die Natur zerstören, lauteten einige der Vorwürfe. Niemand wollte sein wie ein Manager, denn der Manager war der Feind. In den späten achtziger und neunziger Jahren hat sich das geändert. Die nachwachsenden Generationen waren nicht mehr so beständig alarmiert wie die Achtundsechziger, sie vermuteten nicht mehr überall alte Nazis, und zudem ging die Illusion von mehr Gerechtigkeit durch Sozialismus spätestens 1989 verloren.

Unternehmer wurden zudem Hoffnungsträger: Sie vor allem sollten Arbeitsplätze schaffen. Manager werden seither freundlicher gesehen. Sie gelten als modern, und das überträgt sich auch auf die Freizeitkultur. Man geht im Anzug aus, nicht mehr im Rollkragenpullover, man setzt sich in kühle Bars, die genauso aussehen, wie das Empfangsfoyer von McKinsey schon immer aussah. Im Berliner Regierungsviertel gibt es eine Bar, die ihre Bierpreise nach Börsenart variiert. Die Gäste starren auf die Monitore und bestellen dann das Bier, dessen Kurs gerade gefallen ist.

Zum anderen hat die Not den Alltagsökonomismus befördert. Zwanzig Jahre Massenarbeitslosigkeit haben die Menschen gelehrt, dass sie den Bedürfnissen der Wirtschaft gerecht werden müssen, um einen Job zu bekommen. Man muss sich anpassen an die Regeln der Unternehmen, die Erwartungen der Manager. Das führt dann zur Selbstökonomisierung. Man unterscheidet nicht mehr zwischen Berufsleben und Privatleben, sondern wendet die Gesetze, die einem die Lebensgrundlage sichern sollen, auch auf alle anderen Bereiche an. So vermeidet man Widersprüche in der eigenen Person, denn die können die Chancen schmälern.

Die besten Chancen rechnet man sich nun aus, wenn man sich in eine «Ich-AG» verwandelt oder zur «Marke Ich» wird. In einschlägigen Büchern wird der Mensch in eine Marke verwandelt, damit er sich besser verkaufen kann. Ein Auszug aus den Empfehlungen des Buches «Die Marke Ich» von Conrad Seidl und Werner Beutelmeyer:

«Stellen wir klar, was die Unique Selling Proposition (USP) der Marke ICH ist: Warum gerade ich? (…) Computer sind schwierig zu bedienen – Apple dagegen macht uns den einzigartigen Vorschlag, das Ding einfach einzuschalten und loszulegen. Das ist ein Kundennutzen, den die Marke Ich ebenfalls bieten muss.»

«Wichtig ist aber, dass wir nicht einen Nutzen versprechen, für den schon jemand anderer bekannt ist! Selbst wenn wir wirklich etwas besser sind, wird das der Marke ICH nicht geglaubt werden – so wie Gazelle nicht geglaubt wurde, mindestens so verführerische Wäsche im Sortiment zu haben wie Palmers.»

«Seien wir uns bewusst, dass die Marke ICH ständig Allianzen eingehen muss – oft gezwungenermaßen als der schwächere Partner. Dennoch können wir von Intel lernen, dass es sowohl für den Zulieferer als auch für dessen Abnehmer sinnvoll und finanziell einträglich sein kann, darauf hinzuweisen, wer für diesen oder jenen wichtigen Beitrag zum Gesamtergebnis verantwortlich ist.»

So kann man auf dreihundert Seiten lernen, wie man sich nach Art von Computer oder Unterwäsche anpreisen soll. Wenn alle als Marke durchs Leben marschieren – das ist die McKinsey-Welt in ihrer höchsten Ausprägung.

Einmal habe ich jemanden getroffen, der sich selbst zur Marke gemacht hat, auf eine etwas andere Art als in dem zitierten Buch, aber doch zur Marke. Er lebt in einem wunderschönen weißen Palais am Heiligen See in Potsdam. Sein Name ist Wolfgang Joop, sein Beruf Modedesigner. Er hatte sich gerade eine Gesichtsmassage machen lassen und kam sehr erfrischt zu unserem Gespräch in sein Wohnzimmer.

Joop erzählte vom Beginn des Markendenkens in Deutschland. Das war in den siebziger Jahren, als er Pelzmäntel entwarf. Seine Auftraggeber störte, dass die Leute vor allem die Preise verglichen und dann den Pelzmantel kauften, der am wenigsten teuer war. Sie wollten das ändern und kamen auf die Idee, Joops Namen in die Mäntel zu schreiben. Damit sollte die Aufmerksamkeit vom Preis abgelenkt werden. Die Leute sollten bereit sein, mehr für einen Mantel zu bezahlen, weil es ein Mantel von Joop war. Damit war die Marke Joop geboren. Ihren Durchbruch erlebte sie Ende der siebziger Jahre, als ein Parfüm unter dem Namen Joop auf den Markt kam. Es war nicht besser und nicht schlechter als andere Parfüms, aber es trug den Namen Joop, und deshalb wollten es die Leute kaufen. Gleichzeitig wurde auch der Name Jil Sander zu einer Marke.

Beide Designer machten nun Werbung mit ihren Köpfen. Die Personen und die Marken begannen miteinander zu verschmelzen. Auf den ersten Blick sieht es so aus, als würden die Marken geprägt von den Persönlichkeiten, die dahinter stehen, als verliehen Joop und Sander ihr persönliches Image an ihre Modefirmen. In Wahrheit beginnt schon bald die Rückkoppelung. Das Image der Marke darf nicht beschädigt werden vom persönlichen Image des Namengebers. Er muss sich einigermaßen konform verhalten, damit das Marketing nicht gestört wird. Die Marke verändert den Menschen.

Ein größeres Problem hatte Wolfgang Joop mit der Marke Joop erst, als er seine Firma und damit seinen Namen an eine andere Firma verkaufte. Nun trafen Manager, die ihm fremd waren, wesentliche Entscheidungen, die unter dem Markennamen Joop verbreitet wurden. Die Person und die Marke fielen wieder auseinander, wahrnehmbar aber nur für Wolfgang Joop selbst. Alle anderen sahen oder kauften Kleidung der Marke Joop als Ausdruck der Persönlichkeit Wolfgang Joops. Der aber wurde unglücklich darüber, hörte von Freunden oder Familienmitgliedern: Das bist du doch gar nicht mehr. Er fing an, sich selbst nicht zu glauben. Wer war nun Wolfgang Joop? Der Mann, als der er sich fühlte? Der Mann, als der er mittels der Marke Joop wahrgenommen wurde? Joop ist offen genug, um zu sagen, dass es für ihn immerhin einen Trost gab: Geld, das Geld, das er dafür bekam, dass er seinen Namen hergegeben hatte. Irgendwann, sagt er, habe das allerdings auch nicht mehr gewirkt.

Vollends absurd wurde seine Lage, als er sich mit der Firma, die seine Marke gekauft hatte, überwarf und kündigte. Er konnte gehen, aber nicht seinen Namen mitnehmen. Den hätte er zurückkaufen müssen, was Wolfgang Joop nicht wollte. Sein Name war ziemlich teuer geworden. Es gibt nun Produkte auf dem Markt, die den Namen Joop tragen, mit Wolfgang Joop aber nicht das Geringste zu tun haben.

Noch komplizierter wird die Sache, weil es nun eigentlich zwei Marken Joop gibt. Die Modemarke Joop, die ihm nicht gehört. Und die Menschenmarke Joop, die ihm gehört, die aber auch nicht Wolfgang Joop selbst ist. Denn nach dreißig Jahren im Rampenlicht ist Joop ein routinierter Selbstdarsteller geworden, ein Mann, der dauernd in der Öffentlichkeit präsent ist, zu allem etwas sagt und sich so im Gespräch hält und vermarktet, nicht mehr unbedingt um Geld zu verdienen, sondern aus Eitelkeit. Weil er so viel mitteilt, wirkt alles irgendwie banal. Aber Joop ist nicht banal. Er ist ein intelligenter, vielseits gebildeter Mann. Aber was heißt schon «ist» bei Wolfgang Joop? Was an ihm ist die Rückkoppelung der Modemarke seines Namens, was die Menschenmarke und was der wahre Joop? Wenn es den noch gibt.

Das ist generell das Problem des Markenwahns, vor allem der Marke Ich. Es geht die Persönlichkeit verloren, das Authentische. Man gestaltet sich um nach den Bedürfnissen eines Marktes, normalerweise vor allem des Arbeitsmarktes. Die Folge ist, außer den Problemen der Ich-Findung und -Vergewisserung, Konformität. Auch bei den Gütermarken setzt sich in der Regel ein Konzept durch, weshalb sich die Innenstädte in aller Welt so unerträglich ähneln. Überall Gap, Hennes & Mauritz, McDonald's, Starbuck's. Wobei ich nichts gegen Marken in der Warenwelt habe, es stört die Gleichförmigkeit.

Dieser Verlust an Authentizität, an Gewissheit über sich selbst, wird dadurch verstärkt, dass man nicht mehr wissen kann, welche Wünsche, Träume und Sehnsüchte aus dem eigenen Leben kommen und welche uns eine Traumindustrie eingebläut hat.

Wünsche, Träume und Sehnsüchte sind bei mir oft mit Fußball verbunden. Das war nicht nur als Junge so, als ich natürlich der nächste Beckenbauer werden wollte. Das ist bis heute so geblieben. Fußball kann mich retten. Ärger, schlechte Laune, Depression, Langeweile, Schlaflosigkeit – ich komme da am besten raus, wenn ich ein Fußballspiel sehe oder an Fußball denke. Am liebsten denke ich an Ronaldo. Aber meine Geschichte mit Ronaldo, dem brasilianischen Stürmer, ist getrübt, ist ein Beispiel für die McKinsey-Welt.

Bis 1998 habe ich Ronaldo nur in kurzen Fernsehausschnitten gesehen. Er spielte erst in Holland, dann in Spanien, dann in Italien. Man sah schon, dass er ein unglaubliches Talent war, dass er viel Kraft hatte, schnell antrat, aber auch leichtfüßig und elegant dribbeln konnte. Als 1998 die Fußball-Weltmeisterschaft in Frankreich ausgetragen wurde, brachte Nike kurz vorher einen Werbespot mit einigen Spielern der brasilianischen Nationalmannschaft auf den Markt. Sie dribbeln und flanken sich durch einen Flughafen, bis am Ende Ronaldo das Tor schießen soll. Der Spot zeigt das Beste, was der Fußball bieten kann, eine zauberhafte Kunstfertigkeit im Umgang mit dem Ball, einen großen, wunderschönen Tanz, vor allem von Ronaldo. Allerdings trifft er am Ende nicht, vergibt quasi den Elfmeter, ein Schlussgag, der die Vorführung noch mehr ins Leichte, Fröhliche hebt. Ich war, wenn ich das so sagen darf, hin und weg.

Ich habe diesen Spot Dutzende Mal gesehen, er lief fast täglich im Fernsehen. Ich sah ihn gerne, jedes Mal wieder aufs Neue.

Kurz vor Beginn der WM fuhr ich nach Frankreich, um für die *Zeit* Reportagen zu schreiben. Meistens musste ich bei der deutschen Mannschaft bleiben, aber immer, wenn es ging, fuhr ich zu den Spielen von Brasilien. Ich sah Ronaldo in der Vorrunde gegen Norwegen, im Achtelfinale gegen Chile, im Halbfinale gegen Holland und im Finale

gegen Frankreich. Einmal sah ich ihn auf einer Pressckon-
ferenz. Er sagte wenig. Zwischendurch sah ich ihn immer
wieder in dem Spot von Nike.

Ich habe während der fünf Wochen bei der WM an niemanden so oft gedacht wie an ihn. Er war meine Hoffnung
auf die großen Momente, die Szenen, die man nie vergisst,
die einen später retten können bei Ärger, schlechter Laune,
Depression und Langeweile. Er wartete meistens am Straf-
raum, seine Schuhe von Nike leuchteten silbern, und wenn
der Pass kam, legte er sich den Ball ein wenig vor, und dann
dampfte er los, wie niemand außer ihm losdampfen kann,
ein, zwei Haken, Schuss. Meistens blieb er hängen.

Große Momente hatte er nur in der Verlängerung des
Halbfinales gegen Holland, aber auch keine richtig großen,
unvergesslichen. Der traurigste Tag der WM war für mich
das Finale, als Ronaldo trotz einer Krankheit spielen musste und herumschlich wie ein angeschossenes Tier. Brasilien
verlor gegen Frankreich mit null zu drei.

Nach der Weltmeisterschaft in Frankreich war Ronaldo
über Jahre verletzt und spielte wenig. Trotzdem konnte er
mich retten. Ich dachte immer noch an ihn, wie er den Ball
leicht antippt und dann losdampft, erster Verteidiger, zweiter Verteidiger, Vollspannschuss. Es ist keine konkrete Szene, einfach ein Moment reiner Schönheit, wie sie dem Fuß-
ballfan nur der Fußball geben kann. Tatsächlich habe ich
Ronaldo nie in solcher Herrlichkeit gesehen wie in dem
Spot von Nike, auch nicht bei der Weltmeisterschaft 2002
in Japan und Südkorea. Zwar spielte er gut und machte
acht Tore, aber er konnte einen nicht verzaubern, er war
effizient, nicht verspielt.

Ich glaube deshalb, dass etwas faul ist an meinem Traum von Ronaldo. In Wahrheit ist es womöglich ein Nike-Traum und damit ein McKinsey-Traum, weil aus rein ökonomischer Absicht fabriziert.

Ich habe das kurz vor der WM 2002 in Japan und Südkorea bestätigt bekommen. Ich traf mich mit dem Pressesprecher von Nike Deutschland zum Mittagessen, um eine Reportage vorzubereiten. Er erzählte von dem Werbespot, den Nike für die neue WM gedreht hatte, mit einer Auswahl der besten Fußballspieler der Welt. Der Pressesprecher erzählte, dass es Absicht war, Fußballszenen zu schaffen, wie es sie gar nicht gibt. Reine Schönheit, Eleganz, Rasse, unbedingte Offensive. Sie wollten diesen Spot über die Realität legen, über das oft doch recht öde Spiel und damit Träume und Sehnsüchte schaffen, die in unserem Unterbewusstsein den Namen Nike tragen. Der Sportartikelhersteller Nike war längst zur Traumfabrik geworden, mit einer Wirkung vor allem unter Kindern und Jugendlichen, die an jene von Hollywood heranreicht, ohne dass wir es so recht gemerkt haben.

Für mich ist das die unangenehmste Ausprägung des Ökonomismus. Jede Firma, die erfolgreich sein will, verkauft nicht mehr nur Produkte, sondern auch Träume und Visionen. Nike kann darauf verzichten, seine Fußballschuhe in der Werbung groß zu zeigen. Den Schuh kauft man nicht wegen eines besonders geschmeidigen Leders oder einer guten Dämpfung, sondern es kommt darauf an, welche Bilder, Träume und Sehnsüchte an den Namen Nike geknüpft sind. Wie gut das funktioniert, sehe ich an mir und Ronaldo. Damit dringt die Industrie tief in unseren Alltag vor. Träume und Sehnsüchte haben wir ständig und überall. Wo sie herkommen, wissen wir meistens nicht.

Das gilt für viele Bereiche. In der Musik zum Beispiel sind erfolgreiche Gruppen wie die *Spice Girls* aus England oder die *No Angels* aus Deutschland Erfindungen der Industrie. Nichts ist authentisch, alles so erfunden, dass es in uns garantiert Träume und Sehnsüchte weckt, die wir durch den Kauf von CDs befriedigen sollen.

Nun könnte man sagen, dass es letzten Endes egal ist, wo unsere Träume und Sehnsüchte, unsere Vorstellungen von der Schönheit herkommen. Hauptsache, wir können sie genießen. Mir ist es nicht egal. Mich stört der Gedanke, dass irgendwo in Oregon im Hauptquartier von Nike ein paar Leute herumsitzen und sich Tag für Tag nur darüber Gedanken machen, wie sie mir einen Traum einpflanzen können, damit ich mich mit Sportkleidung von Nike eindecke. Mich stört, dass etwas so Privates und Intimes wie meine Träume und Sehnsüchte nach den Regeln von McKinsey entstehen. Mich stört vor allem, dass ich den Traumfabrikanten und Sehnsuchtsmanagern ständig auf den Leim gehen muss, wenn ich nicht ganz aus der Welt herausfallen will und mir einrede, dass «No logo» die richtige Lebensweise wäre. Weil ich das gar nicht so empfinde. Wenn Nike gute Schuhe macht, kaufe ich gute Schuhe mit dem Logo von Nike. Aber ich will keinen Traum von Nike haben.

Dass etwas nicht stimmt, merkt man zuerst daran, dass die Sehnsüchte seltsam werden. Jürgen Kluge, der Chef von McKinsey Deutschland, sehnt sich nach den Amischen. Ein Freund von mir sehnt sich nach Ernst-Dieter Lueg. Eine Menge Berliner sehnen sich nach der DDR. Drei Beispiele, es gibt viele dieser Art. Im Prinzip geht es immer um das Gleiche: ein langsames, ruhiges Leben, nicht dominiert von kommerziellen Interessen. Über die Amischen habe ich schon gesprochen. Ernst-Dieter Lueg hat früher den *Bericht aus Bonn* moderiert, kompetent, aber auch betulich. Mein Freund war kein Fan von ihm, aber jetzt würde er sich ihn fast zurückwünschen, weil Luegs Kompetenz und Gründlichkeit wohltuend wäre für ein Fernsehpublikum, das mit atemlosen Kurzbeiträgen nicht einmal halbwegs informiert und auch noch ständig durch Werbepausen belästigt wird.

Am traurigsten aber ist die Sehnsucht nach der DDR. Sie wird in Berlin immer spürbar, wenn die Berliner am Wochenende ins Umland aufbrechen, um die Städte und Dörfer zu erkunden. Nach ihrer Rückkehr ähneln sich die Geschichten, die sie erzählen. Sie loben die Landschaft in Brandenburg oder Mecklenburg-Vorpommern, aber über die Städte sagen sie, dass man sie sich vor zehn Jahren hätte angucken sollen. Gemeint ist, dass der Ökonomismus die Städte und Dörfer zerstört hat. Guckt man sich zum Beispiel Waren an der Müritz an, sieht man, wie die Uferpromenade mit den grellsten und billigsten Ausflugslokalen voll gestopft wurde, die ihre Gäste effizient versorgen und unterhalten und dabei auf das große Geld aus sind. Das Stadtbild aber ist zerstört. So wird jetzt viel von einem angeblichen Charme der DDR erzählt. Vergessen ist dabei weitgehend, dass die Städte und Dörfer 1989 ziemlich verrottet waren. Trotzdem kann ich diese Sehnsucht verstehen, ich empfinde sie auch manchmal, nicht nach der DDR, die ein furchtbarer Staat war, sondern nach einer Welt ohne Konsumismus, Ökonomismus, nach Städten und Dörfern, die sich ihre natürliche Schönheit bewahren können.

Es muss etwas falsch sein, wenn der Sozialismus, der einen verrotteten, Menschen verachtenden Staat wie die DDR hervorgebracht hat, plötzlich Sehnsüchte weckt. Es kann nicht richtig sein, dass der Kapitalismus, der den Systemkampf gewonnen hat, nun die Menschen verliert, weil die Effizienzwelt keine Seele hat.

Jürgen Kluge habe ich bei unserer zweiten Begegnung vom McKinsey-Paradox erzählt: In fast jedem Einzelfall lassen sich gute Gründe für Effizienz und ökonomisches Verhalten finden, in der Summe kommt dabei eine Gesellschaft heraus, die nicht lebenswert ist. Kluge lächelte, wie er das oft tut, und sagte: «Vielleicht haben Sie Recht.» Er erzählte von seiner Frau und dass er manchmal nach Hause komme und sie überschütte mit Erzählungen aus der McKinsey-Welt, gerade nach schwierigen Tagen, und irgendwann sagt seine Frau, dass es noch etwas anderes gebe, eine Welt, die nicht McKinsey ist, und er solle jetzt McKinsey vergessen und in diese andere Welt eintauchen.

Diese andere Welt gilt es zu erhalten. Und das ist ziemlich schwierig.

Schon einen Standpunkt der Kritik zu finden gegenüber der McKinsey-Welt ist ein Problem. Weit verbreitet und öffentlich präsent sind zwei Standpunkte: totale Affirmation und totale Kritik.

Die Welt, wie sie ist, ist gut – das ist die Haltung der totalen Affirmation. Unter dieser Überschrift wird jedes bluttriefende Computerspiel verteidigt, jede entwürdigende Talkshow, jedes neue Auto mit einem Verbrauch von zwanzig Litern. Wenn es diese Dinge gibt, haben sie auch einen Sinn, wird gesagt: Positivismus in Reinkultur. Der Gestus der Affirmation ist lässig, cool, arrogant. Man beansprucht die Attribute: modern, zukunftsfähig, flexibel. Kritik an der McKinsey-Welt gilt demnach als altbacken, rückständig. Wer dennoch kritisiert, verbreitet schlechte Laune. Kritikwürdig ist nur das, was der McKinsey-Welt im Wege steht, Unflexibilität vor allem. Der große Feind ist der Gewerkschafter.

Die Welt, wie sie ist, wird immer schlechter – das ist die Haltung der totalen Kritik. Unter dieser Überschrift werden gefordert: europäische Gehälter für die Frauen, die in der Dritten Welt unsere Kleidung nähen, Verstaatlichung von Banken, drei Euro Steuer auf jeden Liter Benzin. Der Gestus der Kritik ist beflissen, aufgeregt, arrogant. Man beansprucht die Attribute: sozial, demokratisch. Unterlassene Kritik an der McKinsey-Welt gilt als ignorant, gefährlich. Wer dennoch nicht kritisiert, wird als oberflächlicher Hans-guck-in-die-Luft verachtet. Der große Feind ist der Unternehmer.

Die totale Affirmation ist zum Teil eine Folge der totalen Kritik. Wer im Gefolge der Achtundsechziger aufgewachsen ist, wer alles schlecht finden sollte, findet irgendwann alles gut. Der Standpunkt der Affirmation ist naturgemäß auf dem Vormarsch. Es ist die Haltung der Jüngeren. Beide Haltungen beziehen ihren Reiz aus der Entschiedenheit. Man kann besonders lustvoll streiten, wenn man sich seiner Meinung sehr sicher ist, wenn man die ganze Welt unter einer Überschrift versammeln kann.

Ich kann das nicht. Ich habe zwar auf den vorigen Seiten versammelt, wie ich unsere Welt wahrnehme und was ich an ihr schlecht finde. Ich finde aber durchaus nicht alles schlecht. Ich sehe die McKinsey-Welt kritisch, obwohl ich finde, dass nicht jede Kürzung im Sozialbereich eine Katastrophe ist, obwohl ich finde, dass Jürgen Kluge ein ganz sympathischer, interessanter Gesprächspartner ist, obwohl ich finde, dass Kleidung, die ein Logo trägt, ein guter Kauf sein kann, obwohl ich finde, dass dieses Land Reformen vertragen könnte, die auch den Arbeitnehmern einiges zumuten.

Was mich stört, ist Totalität: dass der Manager als Rollenmodell alle anderen verdrängt, dass allmählich jeder Bereich unseres Lebens nach ökonomischen Prinzipien funktioniert. Die Frage ist, ob es eine Alternative gibt. Die Welt der totalen Affirmation bietet naturgemäß keine Alternativen an. Sie ist utopiefrei, weil sie sich darauf verlässt, dass alles, was ohnehin kommt, das Richtige sein wird. Fast alle

Alternativmodelle, die ich kenne, kommen aus der Welt der totalen Kritik. Sie ist eine Welt der Utopien, weil aus dem Unglück, das an der bestehenden Welt empfunden wird, die Sehnsucht nach einer anderen Welt wächst.

Die letzte Utopie, von der ich gelesen habe, ist die von Carl Amery in seinem Buch «Global Exit – die Kirchen und der Totale Markt». Amery entwirft eine Welt, in der «bargeldlose Tauschsysteme» das böse Geld zum Teil ersetzen sollen, in der man ökologisch und asketisch lebt. Das allerdings wird die Welt nicht retten, weil kaum jemand so leben will, und noch weniger sind bereit, für dieses Leben einen politischen Kampf zu führen.

Aber wenn wir die Entwicklung weiter so laufen lassen, haben wir irgendwann den totalen Ökonomismus, das ist mittlerweile nahezu ein Selbstläufer. Wollen wir das? Die Folgen liegen auf der Hand:

Verödung: Wie man an den Innenstädten in aller Welt sieht, führt das Effizienzprinzip zur Vereinheitlichung. Nach ökonomischen Prinzipien ist immer klar, was effizient ist. Wer dieses Prinzip am besten anwendet, setzt sich durch, wächst und kann mit steigender Größe noch mehr Effizienzreserven schöpfen. Andere scheiden aus, es entstehen Oligopole. Das ist auf Dauer schlecht für den Preis und führt überdies zur Langeweile. Es gibt überall die gleichen Läden, Hennes & Mauritz, Gap, Starbuck's, McDonald's zum Beispiel. Die Konzepte sind ähnlich. Es geht um schnellen Konsum auf niedri-

gem Niveau, Anreiz ist der Preis. Wird das Effizienzprinzip auf andere Bereiche übertragen, passiert auf
Dauer das Gleiche. Alle verhalten sich ökonomisch, nä-
hern sich damit immer mehr einander an, auch in den
Inhalten, weil die Instrumente sich ihre Inhalte selbst
formen, wie das Beispiel Politik zeigt. McDonald's ist
dann in uns. Wir sind alle Marken und von Marken um-
geben. Am Ende herrscht die große Langeweile, das Niveau sinkt.

Überforderung: Viele Menschen können die schnelle
Gangart des Ökonomismus nicht mitgehen. Sie fallen
zurück, weil sie nicht immerzu alles ändern können. Sie
sind niedergeschlagen, unter Druck, zumal sie sehen,
dass andere vom Wandel unmäßig profitieren. Ihre Haltung ist Resignation, die politische Versuchung ist der
Rechtspopulismus, der gegen das Prinzip der ständigen
Veränderung das Prinzip der rückwärtsgewandten Dauer setzt. Die Nation und ihre Geschichte, die Familie
und ihre Traditionen sind das Gute. Das Ausland ist
prinzipiell das Schlechte, weil von dort erstens Einwanderer und damit Rivalen um Arbeitsplätze kommen und
zweitens der Veränderungsdruck auf die Einheimi-
schen, durch die EU, die USA, die Nato. Da der Rechtspopulismus unser demokratisches System bedroht, bedroht die Überforderung letzten Endes alle.

Verhärtung: Die gesellschaftlichen Konflikte werden wieder härter. Die McKinsey-Welt fordert Widerstand heraus, weil sie die Gesellschaft spaltet. Es wehren sich in

Europa und Amerika weniger die Verlierer, sondern, wie fast immer, jene, die sich in ihrem Gerechtigkeitsgefühl verletzt sehen. Das sind vor allem Teile der Jugend. Man sieht es am Protest gegen die neoliberale Globalisierung, der sich über die Jahre radikalisiert hat, Straßenschlachten, der Tote von Genua, ein Jugendlicher, erschossen von einem Polizisten. Kürzlich hat mich eine Regisseurin gefragt, ob ich mir vorstellen könne, ein Drehbuch zu schreiben, in dem eine Globalisierungsgegnerin in den Terrorismus abgleitet. Es gibt diesen Terrorismus noch nicht, aber er wird denkbar.

Verflachung: Das ist eine populäre Klage gegen unsere Zeit, aber deshalb ist sie nicht falsch. Das private Fernsehen, das den Ökonomismus auf den Bildschirm gebracht hat, zeigt in der großen Breite ein flaches Programm und ist erfolgreich damit. Offenbar wollen viele Fernsehzuschauer das Leichte und Billige, womit es seine Berechtigung hat. Es soll jeder selbst entscheiden können, womit er sich unterhält. Das Problem ist, dass es einen steten Sog nach unten gibt. Die privaten Programme haben dem Medium Fernsehen das Regiment der Zahlen beschert. Auch die öffentlich-rechtlichen Sender wollen die hohen Einschaltquoten und machen sich deshalb billig. Dazu kommt die Haltung der Affirmation, die das Billige zum Kult erhebt, weil es da ist. Dies gilt nicht nur für das Fernsehen, sondern ist ein allgemeiner Trend. Wenn sich die Schlichtheit breit machen kann, ist das vor allem die Schuld von intelligenten Leuten, die denken, sie müssten alles mitmachen.

Zudem dient es nicht gerade dem Niveau, wenn in allen Bereichen Manager mit Managern reden. Es gibt interessantere, gewinnbringendere Gespräche als solche über Zahlen.

Exzess: Ein Kapitalismus ohne Konkurrenz neigt zum Exzess. Da die Alternative fehlt, schwelgen seine Protagonisten in Sicherheit und glauben, sich alles leisten, uns alles zumuten zu können. Wir können ja nicht mehr «rübergehen», wenn uns etwas nicht passt. Symbole für den Exzess waren im Jahr 2002 explodierende Vorstandsgehälter bei stark sinkenden Aktienkursen sowie die Betrugsaffären bei den amerikanischen Firmen Enron und Worldcom. Die Folgen der Exzesse sind Krisen. Wenn offenbar wird, was hinter der Glanzfassade des Kapitalismus passiert, schwindet das Vertrauen der Bürger in die Wirtschaft. Zuerst brechen dann die Börsenkurse ein, wie im Sommer 2002 geschehen, als herauskam, dass Worldcom seine Zahlen geschminkt hatte. In der Folge sind auch die reale Wirtschaft und unser Wohlstand bedroht. Ein Exzess-Kapitalismus ist ein großes Risiko für alle.

Herrschaft: Unter dem Druck des Ökonomismus werden die Instrumente zur Beherrschung des Menschen ständig verfeinert. Wenn Arbeitsverhältnisse nicht langfristig sind, wenn sich die Arbeitgeber ihrer Leute rasch entledigen können, ruft das Wohlverhalten und Anpassung in der Belegschaft hervor. Man hat Angst vor dem Widerspruch, weil der Widerspruch die Verlängerung des Arbeitsvertrags bedrohen kann. Auch die Arbeit der zahlreichen Traumfabriken dehnt die Herrschaft über uns aus. Wenn unsere Wünsche zum allergrößten Teil von der Industrie beeinflusst oder gar gesteuert sind, geht uns Freiheit verloren. Noch schlimmer kommt es, wenn der Biotechnologie eines Tages das Klonen von Menschen oder Eingriffe in die Keimbahn gelingen sollte. Die Menschen, die dann gezüchtet werden, sind der totalen Herrschaft ihrer Eltern, des Staates oder anderer Organisationen ausgesetzt.

Es ist noch nicht so weit. Der Ökonomismus hat noch keinen totalen Sieg errungen. Aber wir sind auf dem Weg dahin. Die Berater von McKinsey arbeiten daran, Tag für Tag, zudem ihre Jünger in Politik, Wirtschaft, Wissenschaft, Kultur, Sport, Medien. Letzten Endes geht es um uns alle. Es sind unsere Ziele, unsere Ideale, es ist unsere Sprache, es ist McKinsey in uns, das die Welt verändert.

Es ist der Sinn dieses Buches, dies zu zeigen, zu beschreiben. Denn der Prozess verläuft schleichend. Man merkt es nicht, wie der Ökonomismus Tag für Tag neue Gebiete, neue Menschen erobert. Wer an dieser Expansion etwas ändern will, muss nicht vor allem McKinsey bekämpfen, denn die Berater von McKinsey sind freundliche Eroberer. Sie werden eingeladen, sie werden nachgeahmt, sie zwingen niemandem etwas auf. Widerstand müsste bei jedem selbst beginnen.

Quellenhinweis

Teile des Buches basieren auf folgenden Artikeln:

«Schöner neuer Mensch» *Der Spiegel* 21/2002

«Niemand kann sie stoppen» *Der Spiegel* 27/2001

«Die Drei-Welten-AG» *Der Spiegel* 9/2001

«Der erste im Mittelgebirge» *Der Spiegel* 23/2000

«Wir wollen die besten Köpfe der Welt haben, klar!» *Spiegel-Reporter* 8/2000

«Leben auf der Todesliste» *Spiegel-Reporter* 9/2000

«Die Propheten der Effizienz» *Die Zeit* 3/1996

«Tödliche Grenzen» *Die Zeit* 37/1992

«Viel bleibt auf der Strecke» *Die Zeit* 25/1987

Bild: John Singer Sargent

Geschichte bei rororo

Tragödie oder Farce?
Von Göttern und allzu vielen Gräbern

C. W. Ceram
Götter, Gräber und Gelehrte
Roman der Archäologie
3-499-61136-8

Adam Hochschild
Schatten über dem Kongo
*Die Geschichte eines der großen,
fast vergessenen
Menschheitsverbrechen*
3-499-61312-3

John Keegan
Die Kultur des Krieges
3-499-60248 2

Werner Keller
Und die Bibel hat doch recht
*Forscher beweisen die historische
Wahrheit*
3-499-16614-3

Giles Milton
Muskatnuß und Musketen
*Der Kampf um das Gold
Ostindiens*
3-499-61367-0

John Keegan
Der Erste Weltkrieg
Eine europäische Tragödie
Plastisch, detailliert und voller
Anteilnahme schildert Keegan den
Kriegsverlauf an allen Fronten.
Große Politik spiegelt sich für den
Autor am besten im Schützen-
graben.

3-499-61194-5